(Fä Fau)

fair
der **Fan**
das **Foul**

(Gä Gre)

der **Gag**
der **Gameboy**
der **Gangster**
die **Grapefruit**

(Hä)

das **Handy**
happy sein

(I)

die **E-Mail**

(Ki Ku)

das **Keyboard**
cool

(Lei Leu)

die **Livesendung**
die **Loipe**

(Mä Mau)

das **Match**
das **Mountainbike**

(Pu)

der **Pool**

(Rau Ri)

der **Rowdy**
das **Recycling**

(Sä Sau)

das **Sandwich**
der **Sound**

(Sch)

der **Champignon**
die **Chance**
der **Chef**
die **Chefin**
das **Gelee**
sich **genieren**
die **Jalousie**
jonglieren
der **Journalist**
die **Journalistin**
die **Jury**

das **Shirt**
die **Shorts**
die **Show**

(Sö Swä)

surfen
das **Sweatshirt**

(Ti)

das **Team**
das **T-Shirt**

(Tsch)

das **Cello**
der **Champion**
der **Charterflug**
checken
der **Chip**

(Wok)

der **Walkman**

FINDEFIX

Wörterbuch für die Grundschule

3., überarbeitete Auflage

---

von
Johann Fackelmann
Robert Müller
Klaus Patho
Susanne Patho

illustriert von
Aille Hardy

---

mit vereinfachter Ausgangsschrift

Oldenbourg

© 1991 R. Oldenbourg Verlag GmbH, München
www.oldenbourg-schulbuchverlag.de

Das Werk und seine Teile sind urheberrechtlich geschützt.
Jede Verwertung in anderen als den gesetzlich zugelassenen Fällen
bedarf deshalb der vorherigen schriftlichen Einwilligung des Verlags.

3., überarbeitete Auflage 2000 E

Unveränderter Nachdruck 04 03 02 01 00
Die letzte Zahl bezeichnet das Jahr des Drucks.

Lektorat: Ute Busche
Layout und Herstellung Aille Hardy und Thomas Rein
Umschlagkonzept: Mendell & Oberer, München
Satz und Reproarbeiten: Horst Gerbert Layoutsatz-Repro, Haar b. München
Druck und Bindearbeiten: R. Oldenbourg Graphische Betriebe GmbH, Kirchheim

ISBN 3-486-**86806**-3

Inhaltsverzeichnis

Erste Tipps für das Nachschlagen
So kannst du mit dem Wörterbuch arbeiten 4
Wir lernen nachschlagen 6

Erstes Wörterverzeichnis 9

Tipps für schnelles und sicheres Nachschlagen .. 44
Wir üben schnelles und sicheres Nachschlagen .. 46

Zweites Wörterverzeichnis 49

Übungen zum richtigen Schreiben 174
Partnerspiele mit dem Wörterbuch 174
So kannst du dir Wörter einprägen 177
Wörtertraining mit der Rechtschreibkartei 179
So wirst du sicher im richtigen Schreiben 180

Texte schreiben und überarbeiten 201
Wortfelder 202
Treffende Ausdrücke 205
Schwierige Vergangenheitsformen 206
Ausrufe, Gedanken, Gefühle 209
Wörtliche Rede verwenden 210
Das Wortfeld „sagen" und die wörtliche Rede ..211
Wiederholungen am Satzanfang vermeiden 212

Reime und andere Wörter 215
Reimwörterliste 216
Gleich klingende, aber verschieden
geschriebene Wörter 228

Hilfen zum richtigen Schreiben – kurz gefasst

So kannst du mit diesem Wörterbuch arbeiten

1. Das Nachschlagen im ersten Wörterverzeichnis ist leicht. Interessante Aufgaben dazu findest du auf den Seiten 6 bis 8.

2. Das Nachschlagen im zweiten Wörterverzeichnis (Seite 49 bis 173) ist schwieriger. Deshalb findest du auf den Seiten 44 bis 48 besondere Hilfen.

3. Manche Wörter werden anders geschrieben, als du vermutest. Im Umschlag vorne stehen Hinweise, wie du diese Wörter trotzdem sicher findest.

4. Wichtige Hinweise für das richtige Schreiben sind im Umschlag hinten zusammengestellt.

5. Im zweiten Wörterverzeichnis haben einige Wörter
   Sternchen:
   Sie weisen dich auf etwas hin. Woran du denken sollst, steht unten auf der jeweiligen Seite.

6. Die Zahlen hinter den Wörtern weisen auf besondere Übungen auf den Seiten 180 bis 200 hin. Durch diese Übungen wirst du sicher im richtigen Schreiben.

7. Wie du die Wörter trennen kannst, zeigen dir die dünnen, senkrechten Striche in den Wörtern im roten Wörterverzeichnis, zum Beispiel:

   das **Kro|ko|dil**, die Krokodile
   Außerdem findest du im Umschlag hinten die wichtigsten Trennungsregeln.

8. Partnerspiele zum Hören, Schreiben und Nachdenken mit dem Wörterbuch findest du auf den Seiten 174 bis 176. Viel Spaß beim Spielen!

9. Wie du dir eine Rechtschreibkartei anlegen und mit ihr arbeiten kannst, erfährst du auf den Seiten 177 bis 179.

10. Auf den Seiten 201 bis 214 findest du Hinweise, wie du einen Text schreiben und überarbeiten kannst.

11. Mit der Reimwörterliste (Seite 215 bis 227) kannst du eigene Gedichte schreiben. Du prägst dir damit auch die Schreibweise dieser Wörter leichter ein.

Wir lernen nachschlagen

1 Lerne das ABC-Gedicht auswendig.

A B C D E,
der Hase frisst gern Klee.
F G H I J K L,
das Kätzchen hat ein weiches Fell.
M N O P Q,
unser Hund bellt immerzu.
R S T,
das scheue Reh,
U V W,
trinkt am See.
X Y Z,
das Schwein
ist rund und fett.

2 Welche Buchstaben sind nicht zu sehen? Schreibe das ABC in großen und kleinen Buchstaben auswendig auf.

3 Löse die ABC-Rätsel.

Ich bin das I. Wer steht hinter mir?
Ich bin das H. Wer steht vor mir?
Ich stehe zwischen G und L und bin ein Selbstlaut.

4 Suche die Nachbarbuchstaben zu:

Schreibe so: $B\ C\ D$

5 Welche vier Buchstaben stehen nach diesen Buchstaben?

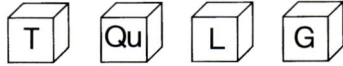

Schreibe so: $T\ U\ V\ W\ X$

6 Benutze für die folgenden Übungen nur das erste Wörterverzeichnis.
Auf welcher Seite findest du die Wörter mit:

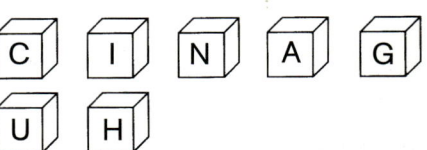

Schreibe so: $C \rightarrow Seite\ 14$

7 Auf welcher Seite stehen die Wörter, die so beginnen:

Schreibe so:

bi → Seite 12

8 Suche die Namen der Tiere, die so beginnen:

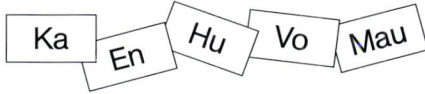

Schreibe so.

Katze → Seite 25

9 Wie heißen die zwei Wörter, die **nach** diesen Wörtern stehen:

bitten	turnen	sagen
Oktober	Messer	
Januar	essen	

Schreibe so:

bitten, das Blatt, blau

10 Zwei von diesen Wörtern stehen nicht im ersten Wörterverzeichnis. Schreibe alle anderen auf.

Bein	trinken	können
schnell	Papier	malen
kaufen	selten	kurz
warm	essen	versuchen

11 Wie heißt das erste Wort im Wörterbuch, das so anfängt:

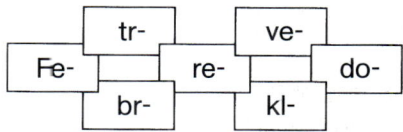

Schreibe so.

Fe → der Februar

12 Schreibe alle Monatsnamen mit der Seitenzahl auf.

Schreibe so:

der Januar → S. 24
der ...

13 Prüfe nach, welche Wörter großgeschrieben werden. Schreibe sie mit Begleiter auf:

ABEND	OFT
LEICHT	SEIFE
DEZEMBER	METER
TEUER	WINTER
ALLE	LUFT
SCHNELL	VERSUCHEN

Schreibe so:

der Abend → S. 10

14 Wie heißt die Mehrzahl dieser Wörter?

Apfel	Ball	Hund	Maus
Baum	Gras	Vater	

Schreibe so:

der Apfel → die Äpfel

15 Wie findest du diese Namenwörter?

Wörter	Blätter	Gräser
Hände	Vögel	Plätze	Ohren

Schreibe so:

die Wörter – das Wort

16 Hier sind drei Seitenzahlen falsch. Suche die richtigen Seitenzahlen:

das Buch → S. 13
der Zahn → S. 43
immer → S. 18
der Mittwoch → S. 27
die Puppe → S. 30
der Juli → S. 18
der Sommer → S. 35
der Dienstag → S. 15
uns → S. 34

17 In diesen Wörtern fehlen Buchstaben. Schlage die Wörter nach und schreibe sie vollständig auf:

antworten

an✎worten   das Br✎t
das Gel✎   schwa✎
z✎len   der San✎
der Fi✎er   der E✎de
die Bl✎tter   der Schn✎
wa✎ten

Erstes Wörterverzeichnis

ab bis Au

A

ab	*ab* morgen
der Abend, die Abende	am *Abend*
aber	Er geht, *aber* sie bleibt.
acht	um *acht* Uhr
alle, alles	*alle* Kinder
als	Sie ist größer *als* ich.
also	Es geht *also*.
alt, älter	Er ist sehr *alt*.
am	*am* Morgen
die Ampel, die Ampeln	an der *Ampel* warten
an	*an* einem Morgen
antworten, er antwortet	auf Fragen *antworten*
der Apfel, die Äpfel	einen *Apfel* essen
der April	im *April*
arbeiten, er arbeitet	lange *arbeiten*
der Arm, die Arme	auf den *Arm* nehmen
der Ast, die Äste	auf einem *Ast* sitzen
auf	*auf* Mutter warten
die Aufgabe, die Aufgaben	eine *Aufgabe* rechnen

Au

das **Auge**, die Augen   mit einem *Auge* schauen
der **August**   im *August*
aus   Blumen *aus* dem Garten
das **Auto**, die Autos   im *Auto* sitzen

Ba bis Bi

das **Baby**, die Babys	das *Baby* wickeln
baden, er badet	im See *baden*
der **Ball**, die Bälle	Der *Ball* rollt.
die **Bank**, die Bänke	auf einer *Bank* sitzen
der **Bauch**, die Bäuche	auf dem *Bauch* schlafen
bauen, er baut	ein Haus *bauen*
der **Baum**, die Bäume	auf den *Baum* klettern
bei	Du bist *bei* mir.
das **Bein**, die Beine	sich ein *Bein* brechen
bewegen, er bewegt	den Arm *bewegen*
bezahlen, er bezahlt	viel Geld *bezahlen*
die **Biene**, die Bienen	eine *Biene* hören
das **Bild**, die Bilder	ein *Bild* malen
bin	Ich *bin* müde.
die **Birne**, die Birnen	eine *Birne* essen

bi bis Bu

B

bis	bis hierher
bist	Du bist mein Freund.
bitten, er bittet	um Hilfe bitten
das Blatt, die Blätter	ein Blatt finden
blau	Das Auto ist blau.
bleiben, er bleibt	lange bleiben
blühen, er blüht	Die Bäume blühen.
die Blume, die Blumen	eine Blume pflücken
der Boden, die Böden	auf dem Boden liegen
böse	der böse Wolf
braun	braun wie die Erde
der Brief, die Briefe	einen Brief schreiben
bringen, er bringt	ins Haus bringen
das Brot – das Brötchen	ein Brot kaufen
der Bruder, die Brüder	mein großer Bruder
das Buch, die Bücher	im Buch lesen
bunt	bunt anmalen
der Bus, die Busse	im Bus fahren
der Busch, die Büsche	im Busch verstecken

Ce bis Co

der **Cent**, die Cents   zwei *Cent* bezahlen

der **Christbaum**,   den *Christbaum* schmücken
die Christbäume

das **Christkind**   auf das *Christkind* warten

der **Computer**, die Computer   am *Computer* arbeiten

da bis do

da	Er ist *da*.
danken, er dankt	Wir *danken* dir.
dann	Aber *dann* lese ich.
das	*das* Buch
dass	sich freuen, *dass* es schneit
dein, deine, deiner	*dein* Ball
dem	*dem* Tier helfen
den	*den* Hund rufen
denken, er denkt	an den Freund *denken*
denn	Was willst du *denn*?
der	*der* Vater
des	das Kätzchen *des* Nachbarn
der Dezember	im *Dezember*
dich	Ich suche *dich*.
die	*die* Mutter
der Dienstag	am *Dienstag*
diese, dieser, dieses	Wem gehört *diese* Tasche?
dir	Wir helfen *dir*.
doch	Ich komme *doch*.

Do bis du

der	Donnerstag	am *Donnerstag*
	drei	*drei* Fenster
	du	so groß wie *du*
	dunkel	*dunkel* oder hell
	durch	*durch* die Tür kommen

Ei bis Eu

das **Ei**, die Eier	ein frisches Ei
ein, eine, einer	ein Pferd
eins	eins, zwei, drei
elf	um elf Uhr
die **Eltern**	die Eltern fragen
das **Ende**	Anfang und Ende
eng	eine enge Hose
die **Ente**, die Enten	Die Ente schwimmt.
er	Hier sitzt er.
die **Erde**	auf der Erde
es	Ich kann es.
essen, er isst	Brot essen
euch	mit euch reden
euer, eure	euer Haus
die **Eule**, die Eulen	Die Eule heult.
der **Euro**, die Euros	mit einem Euro bezahlen

fa bis Fr

fahren, er fährt	Rad fahren
fallen, er fällt	Die Blätter fallen.
die Familie, die Familien	unsere Familie
fangen, er fängt	den Ball fangen
der Februar	im Februar
fein	fein schmecken
das Feld, die Felder	auf dem Feld arbeiten
das Fenster, die Fenster	das Fenster öffnen
finden, er findet	den Weg finden
der Finger, die Finger	zehn Finger
die Fliege – fliegen	eine Fliege fangen
fliegen, er fliegt	Die Vögel fliegen.
der Flügel, die Flügel	mit den Flügeln schlagen
flüssig	flüssig lesen
fragen, er fragt	den Opa fragen
die Frau, die Frauen	Frau Schumann
der Freitag	am Freitag
fremd – die Fremde	sich fremd fühlen
die Freude – sich freuen	vor Freude strahlen

fr bis Fu

sich **freuen,** er freut sich — Wir freuen uns.
der **Freund,** die Freunde — mein Freund
die **Freundin,** die Freundinnen — deine Freundin
frisch — Das Brot ist frisch.
die **Frucht,** die Früchte — eine Frucht pflücken
der **Frühling** — den Frühling erwarten
füllen, er füllt — die Taschen füllen
der **Füller** – füllen — mit dem Füller schreiben
fünf — fünf Finger
für — ein Fest für uns
der **Fuß,** die Füße — zu Fuß gehen

ga bis **gu**

      ganz, ganze, ganzer   *ganz leise*

der **Garten,** die Gärten   *im Garten spielen*

      geben, er gibt   *die Hand geben*

      gehen, er geht   *schnell gehen*

      gelb   *Das Auto ist gelb.*

das **Geld**   *Geld wechseln*

das **Gemüse**   *Gemüse essen*

das **Gesicht,** die Gesichter   *ein ernstes Gesicht*

      gestern   *heute und gestern*

      gesund – die Gesundheit   *Er ist gesund.*

      giftig   *Der Pilz ist giftig.*

das **Gras,** die Gräser   *im Gras liegen*

      groß, größer   *groß oder klein*

      grün   *Der Apfel ist grün.*

      gut   *Das war gut.*

Ha bis hi

das **Haar**, die Haare	am Haar ziehen
haben, er hat	einen Freund haben
der **Hals**	ein langer Hals
halten, er hält	den Ball halten
die **Hand**, die Hände	in der Hand tragen
hart, härter	Der Stein ist hart.
der **Hase**, die Hasen	mein Hase
das **Haus**, die Häuser	ein altes Haus
die **Haut**, die Häute	eine glatte Haut
die **Hecke**, die Hecken	die Hecke schneiden
heiß	Das Wasser ist heiß.
heißen, er heißt	Barbara heißen
helfen, er hilft	in der Küche helfen
hell	hell wie die Sonne
das **Hemd**, die Hemden	ein frisches Hemd anziehen
her	hin und her laufen
der **Herbst**	ein kalter Herbst
der **Herr**, die Herren	Herr Müller
heute	heute und morgen
die **Hexe**, die Hexen	die Hexe im Märchen
hier	Sie ist hier.

Hi bis hu

die **Hilfe** – helfen — *Hilfe holen*
der **Himmel** — *ein blauer Himmel*
hin — *hin und her*
hinter — *hinter dem Haus*
hören, er hört — *den Regen hören*
die **Hose**, die Hosen — *eine Hose anziehen*
der **Hund**, die Hunde — *den kleinen Hund tragen*
hundert — *hundert Gäste*

ich bis **ist**

ich	Du liest, *ich* schreibe.
der **Igel,** die Igel	einen *Igel* finden
ihm	Wir helfen *ihm.*
ihn, ihnen	Ich treffe *ihn.*
ihr, ihre	Wir helfen *ihr.*
im	*im* Sommer
immer	*immer* weiter
in	*in* den Garten
ins	*ins* Bett gehen
ist	Es *ist* schön.

ja bis Ju

	ja	*ja* oder nein
das	**Jahr,** die Jahre	viele *Jahre*
der	**Januar**	im *Januar*
	jede, jeder, jedes	*jede* Stunde
der	**Juli**	im *Juli*
der	**Junge,** die Jungen	ein großer *Junge*
der	**Juni**	im *Juni*

Kä bis Ku

der **Käfer**, die Käfer — einen Käfer beobachten

der **Kalender**, die Kalender — im Kalender eintragen

kalt – die Kälte — Mir ist kalt.

die **Katze**, die Katzen — eine Katze streicheln

kaufen, er kauft — Blumen kaufen

kein, keine, keiner — kein Wort sagen

das **Kind**, die Kinder — einem Kind helfen

die **Klasse**, die Klassen — eine große Klasse

das **Kleid**, die Kleider — ein buntes Kleid tragen

klein — groß oder klein

kommen, er kommt — ins Haus kommen

können, er kann — lesen können

der **Kopf**, die Köpfe — auf dem Kopf stehen

der **Körper**, die Körper — ein gesunder Körper

krank — Er ist krank.

das **Kraut**, die Kräuter — Kraut und Rüben

die **Kuh**, die Kühe — eine Kuh melken

lau bis li

laufen, er läuft	schnell *laufen*
laut	laut *lachen*
leben, er lebt	gesund *leben*
legen, er legt	sich ins Gras *legen*
leicht	Die Aufgabe ist *leicht.*
leise	*leise* sprechen
lernen, er lernt	etwas *lernen*
lesen, er liest	einen Brief *lesen*
die **Leute**	viele *Leute* treffen
das **Lexikon**	im *Lexikon* suchen
das **Licht,** die Lichter	helles *Licht*
lieb – lieben	*lieb* sein
liegen, er liegt	im Gras *liegen*

ma bis Mu

	machen, er macht	Wir machen mit.
das	Mädchen, die Mädchen	ein Mädchen oder Junge
der	Mai	im Mai
	malen, er malt	ein Bild malen
	man	Töne kann man hören.
der	Mann, die Männer	ein großer Mann
der	März	im März
die	Maus, die Mäuse	eine Maus sehen
	mein, meine	mein Buch
das	Messer, die Messer	Messer und Gabel
	mich	Sie kennt mich.
die	Minute, die Minuten	vor einer Minute
	mir	Er schreibt mir.
	mit	Alle kommen mit.
der	Mittwoch	am Mittwoch
der	Monat, die Monate	in einem Monat
der	Montag	am Montag
der	morgen	bis morgen warten
der	Mund	mit vollem Mund reden
	müssen, er muss	Wir müssen lachen.
der	Mutter, die Mütter	meine Mutter

na bis nu

nach	*nach* der Schule
die **Nacht**, die Nächte	*in der Nacht*
der **Name**, die Namen	*Mein Name ist Lea.*
die **Nase**, die Nasen	*eine rote Nase*
nass	*trocken oder nass*
der **Nebel**	*dichter Nebel*
nehmen, er nimmt	*Wir nehmen dich mit.*
nein	*ja oder nein*
neu	*alt oder neu*
neun	*neun Kinder*
nicht	*Ich bin nicht da.*
nichts	*nichts verstehen*
nie	*Sie hat nie Zeit.*
der **November**	*im November*
nun	*Ich muss nun gehen.*
nur	*nur eine Stunde*

ob bis Os

ob	Sag mir, *ob* du kommst.
das Obst	*Obst* essen
oder	ja *oder* nein
oft	Ich muss *oft* lachen.
das Ohr, die Ohren	ans *Ohr* halten
der Oktober	im *Oktober*
der Onkel, die Onkel	den *Onkel* besuchen
Ostern	Frohe *Ostern*!

Pa bis Pu

das **Papier,** die Papiere	das *Papier* aufheben
das **Pferd,** die Pferde	ein *Pferd* reiten
pflanzen, er pflanzt	einen Baum *pflanzen*
pflegen, er pflegt	eine Kranke *pflegen*
die **Pizza**	eine *Pizza* bestellen
der **Platz,** die Plätze	ein großer *Platz*
die **Pommes**	*Pommes* bestellen
die **Puppe,** die Puppen	mit der *Puppe* spielen

das **Quadrat,** die Quadrate  *ein Quadrat zeichnen*

quaken, er quakt *Frösche quaken*

Rau bis ru

die **Raupe,** die Raupen	**R**	eine *Raupe finden*
rechnen, er rechnet		*schnell rechnen*
reden, er redet		*schnell reden*
der **Regen**		*im Regen stehen*
reich		*arm oder reich*
reisen, er reist		*mit dem Bus reisen*
der **Rock,** die Röcke		*einen Rock anziehen*
rollen, er rollt		*den Ball rollen*
rot		*blau oder rot*
der **Rücken,** die Rücken		*auf dem Rücken liegen*
rufen, er ruft		*laut rufen*

Sa bis Schu

der **Saft**, die Säfte	einen Saft trinken
sagen, er sagt	etwas sagen
das **Salz**	mit Salz würzen
der **Samstag**	am Samstag
der **Sand**	feiner Sand
der **Satz**, die Sätze	einen Satz schreiben
schauen, er schaut	in den Spiegel schauen
scheinen, es scheint	Die Sterne scheinen.
die **Schere**, die Scheren	mit der Schere schneiden
schlafen, er schläft	lang schlafen
schlagen, er schlägt	ein Rad schlagen
der **Schmetterling**, die Schmetterlinge	ein bunter Schmetterling
der **Schnee**	im Schnee spielen
schneiden, er schneidet	Brot schneiden
schnell	schnell laufen
schon	schon früh gehen
schön	Das Wetter ist schön.
schreiben, er schreibt	schön schreiben
schreien, er schreit	laut schreien
der **Schuh**, die Schuhe	Der Schuh drückt.

Schu bis So

die **Schule**, die Schulen	in die *Schule* gehen
schwarz	weiß oder *schwarz*
die **Schwester**, die Schwestern	meine *Schwester*
sechs	*sechs* Kinder
sehen, er sieht	schlecht *sehen*
sehr	*sehr* gut
die **Seife**, die Seifen	mit *Seife* waschen
sein	gesund *sein*
sein, seine	*sein* Buch
seit	*seit* gestern
die **Sekunde**, die Sekunden	in dieser *Sekunde*
der **September**	im *September*
sich	*sich* freuen
sie	Heute kommt *sie* dran.
sieben	*sieben* Zwerge
sind	Wir *sind* hier.
singen, er singt	ein Lied *singen*
sitzen, er sitzt	im Sessel *sitzen*
so	*so* leise
der **Sohn**, die Söhne	der älteste *Sohn*

SO bis SU

sollen, er soll	Wir *sollen* gehen.
der Sommer	ein heißer *Sommer*
die Sonne	Die *Sonne* scheint.
der Sonntag	am *Sonntag*
die Spagetti	*Spagetti* essen
sparen, er spart	Geld *sparen*
spielen	Ball *spielen*
der Sport	*Sport* treiben
der Stängel – die Stange	ein langer *Stängel*
stehen, er steht	vor der Tür *stehen*
stellen, er stellt	die Uhr *stellen*
der Stift, die Stifte	mit rotem *Stift* schreiben
still	Es ist ganz *still*.
die Stirn	die *Stirn* runzeln
der Strauch, die Sträucher	im *Strauch* verstecken
die Stunde, die Stunden	vor einer *Stunde*
suchen, er sucht	das Buch *suchen*

Ta bis tu

der **Tag**, die Tage	*Tag und Nacht*
die **Tante**, die Tanten	*meine Tante besuchen*
die **Tasche**, die Taschen	*in die Tasche stecken*
der **Teddy**, die Teddys	*mit dem Teddy spielen*
der **Tee**	*Tee trinken*
das **Telefon**, die Telefone	*ans Telefon gehen*
die **Temperatur**, die Temperaturen	*Die Temperatur fällt.*
teuer	*Es ist zu teuer.*
das **Thermometer**, die Thermometer	*vom Thermometer ablesen*
das **Tier**, die Tiere	*ein Tier pflegen*
die **Tochter**, die Töchter	*die jüngste Tochter*
tragen, er trägt	*eine Tasche tragen*
trinken, er trinkt	*Saft trinken*
turnen, er turnt	*am Boden turnen*

üb bis un

üben, er übt	oft üben
über	über den Platz gehen
die Uhr, die Uhren	die Uhr stellen
um	um acht Uhr
und	schwarz und weiß
uns	zu uns kommen
unser, unsere	unser Hund
unten	unten im Keller
unter	unter der Erde

Va bis vo

der **Vater,** die Väter	V	mein *Vater*
der **Verkehr**		viel *Verkehr*
versuchen, er versucht		Wir *versuchen* zu kommen.
viel		*viel* Geld kosten
vier		*vier* Bäume
der **Vogel,** die Vögel		Ein *Vogel* fliegt.
vom		*vom* Himmel fallen
von		weit *von* hier
vor		Ich stehe *vor* dir.

wa bis we

	wann	Sag, *wann* du anrufst.
	warm – die Wärme	*warm* oder kalt
	warten, er wartet	auf den Bus *warten*
	warum	Sie sagt, *warum* sie weint.
	was	Er sagt, *was* er will.
	waschen, er wäscht	Wäsche *waschen*
das	Wasser	im *Wasser* liegen
der	Weg, die Wege	ein schmaler *Weg*
	Weihnachten	fröhliche *Weihnachten*
	weil	Er freut sich, *weil* ich hier bin.
	weiß	schwarz oder *weiß*
	weit	*weit* oder nah
	weiter	Lies *weiter*.
	welche, welcher, welches	durch *welche* Tür
	wem	Mit *wem* spielst du?
	wen	An *wen* denkst du?
	wenig	*wenig* Zeit
	wenn	Ich komme, *wenn* ich darf.
	wer	Sie fragt, *wer* hier ist.
	werden, er wird	gesund *werden*

We bis Wu

das **Wetter**	schönes *Wetter*
wie	so groß *wie* du
wieder	Komm bald *wieder!*
die **Wiese**, die Wiesen	auf der *Wiese* liegen
der **Wind**, die Winde	ein kalter *Wind*
der **Winter**	ein *Winter* mit Schnee
wir	Nun sind *wir* da.
wo	Susi, *wo* bist du?
die **Woche**, die Wochen	eine *Woche* lang
wohnen, er wohnt	im Zelt *wohnen*
wollen, er will	Wir *wollen* schwimmen.
das **Wort**, die Wörter	ein *Wort* sagen
wünschen, er wünscht	Wir *wünschen* uns etwas.
die **Wurzel**, die Wurzeln	eine *Wurzel* ausgraben

Xaver X Er heißt Xaver.

Ypsilon

der Buchstabe *Ypsilon*

Za bis zw

die **Zahl**, die Zahlen	eine gerade Zahl
zahlen, er zahlt	mit Euro zahlen
zählen, er zählt	bis drei zählen
der **Zahn**, die Zähne	Der Zahn wackelt.
die **Zehe**, die Zehen	die große Zehe verletzen
zehn	zehn Finger
zeigen, er zeigt	den Weg zeigen
die **Zeit**, die Zeiten	die Zeit messen
das **Zimmer**, die Zimmer	im Zimmer warten
zu	Ich komme zu euch.
der **Zucker**	süß wie Zucker
zum	zum Freund gehen
zur	zur Tür laufen
zusammen	Das machen wir zusammen.
zwei	zwei Kinder
die **Zwiebel**, die Zwiebeln	eine Zwiebel schneiden
zwölf	zwölf Stühle

Tipps für schnelles und sicheres Nachschlagen

Tipp 1: Blättere dein Wörterbuch schnell durch und achte dabei auf die **Seitenränder.** Was fällt dir auf?

Tipp 2: Schlage die Seiten mit dem Buchstaben M auf. Suche auf diesen Seiten **ma** und **mi**.
Welche **roten** Buchstaben findest du noch bei M?
Vergleiche die roten Buchstaben mit den Wörtern auf dieser Seite.
Was kannst du feststellen?

Tipp 3: Aufgepasst!
Manche Wörter haben
   Sternchen: 🟥
Sie weisen dich auf Hilfen hin.
Schlage Seite 82 auf.
Welche Hilfe findest du?

Tipp 4: Einzahl und Mehrzahl des Namenwortes stehen hintereinander:
   das **Buch**, die Bücher
Einige Namenwörter stehen nur in der Einzahl im Wörterbuch.
Bei diesen Wörtern kannst du die Mehrzahl leicht selbst bilden.

Manchmal steht aber die Mehrzahl auch nicht im Wörterbuch, weil es sie nicht gibt, zum Beispiel bei:
   das **Laub**

Tipp 5: Nicht alle zusammengesetzten Wörter stehen im Wörterbuch. Viele dieser Wörter musst du zerlegen und getrennt nachschauen, z.B.:

Ferienbeginn:
die Ferien – der Beginn

zurückkehren:
zurück – kehren

Tipp 6: Nach manchen Wörtern wird auf verwandte Wörter hingewiesen:
   das **Getränk** – trinken
   die **Härte**   – hart
   er **sah**   – sehen

Tipp 7: Nach manchen Wörtern steht eine Ergänzung in Klammern. Sie hilft dir, dieses Wort von einem gleich oder ähnlich klingenden Wort zu unterscheiden, zum Beispiel:

    die **Lärche** (der Baum)
    die **Lerche** (der Vogel)

    die **Miene** (mit ernster Miene)
    die **Mine** (die Bleistiftmine)

    der **Fühler** (beim Käfer)
    der **Füller** (zum Schreiben)

Auf den Seiten 228 und 229 sind gleich klingende, aber verschieden geschriebene Wörter zusammengestellt.

Tipp 8: Hinter vielen Wörtern stehen ein **Pfeil** und eine **Zahl**. Die Zahl weist auf Übungen hin, die du auf den Seiten 180 bis 200 findest.

Tipp 9: Für manche Wörter gibt es mehrere Schreibweisen, die richtig sind. Die zweite Schreibweise steht in **eckigen Klammern**, zum Beispiel:
    der **Delphin** [Delfin]
Du findest das Wort aber auch unter Delfin. Dort wird mit einem **Pfeil** auf die **empfohlene** Schreibweise hingewiesen:
    der **Delfin** → Delphin
Wenn beide Wörter **dick** gedruckt sind, gibt es keine empfohlene Schreibweise.

Tipp 10: Vielleicht suchst du ein Wort nicht an der richtigen Stelle. Die ersten beiden Seiten im Wörterbuch helfen dir das Wort zu finden.

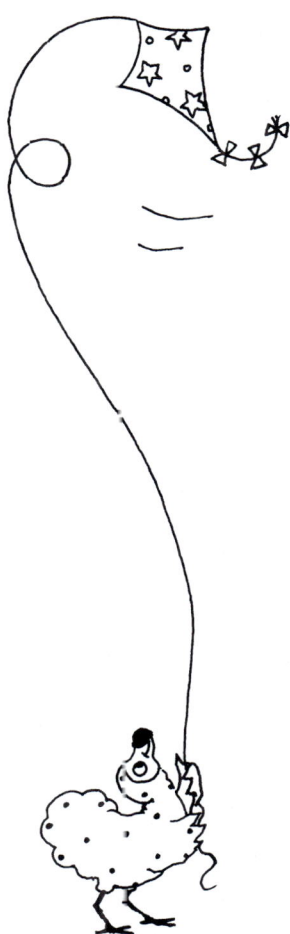

Wir üben schnelles und sicheres Nachschlagen

1 Du hast diese Seite aufgeschlagen:

mi  mo

Du suchst das Wort Mehl.
Findest du das Wort auf dieser Seite?
Blätterst du zurück oder weiter?

2 Zu welchen hervorgehobenen roten Buchstaben passen diese Wörter?

Hase, Heft, Hirsch,
Hitze, heißen, hinterher

laufen, lieber, Lexikon,
läuten, leichtsinnig, Licht

Schreibe so: *ha   Hase*

3 Welche Wörter sind hier falsch eingeordnet? Schreibe alle Wörter in der richtigen Reihenfolge.

der **Februar**
die **Feder**, die Federn
der **Faden**, die Fäden
  fegen, du fegst
der **Fehler**, die Fehler
  fehlerlos
die **Fahne**, die Fahnen
die **Feier**, die Feiern

  lachen, du lachst
der **Laden**, die Läden
der **Lack**, die Lacke
  lackieren, du lackierst
  laden, du lädst, er lud
  lahm – gelähmt
die **Lakritze**
das **Laken**, die Laken

4 Suche die **Mehrzahl** folgender Namenwörter:

der Acker – die Feder – das Gewicht –
der Knopf – der Arzt – die Bahn –
der Bart – die Nuss – der Mantel –
das Volk – der Traum – das Lexikon –
der Kahn

Schreibe sie so auf:

Einzahl	Mehrzahl	Seite
der Acker	*die Äcker*	*51*

5 Bilde von folgenden Wörtern die **Einzahl**. Schlage sie nach.

die Söhne   die Kamine
die Lieder   die Jacken
die Ameisen   die Berufe
die Decken   die Lehrer
die Semmeln   die Märkte
die Stämme   die Mützen
die Sprünge   die Noten
die Knöpfe   die Gärten
die Hölzer   die Drähte
die Zähne

Schreibe sie so auf:

Einzahl	Mehrzahl	Seite
der Sohn	die Söhne	145

6 Zerlege diese **zusammengesetzten Wörter**. Schlage sie getrennt nach.

die Salatschüssel
das Treppenhaus
der Fußballplatz
die Tischdecke
der Geschäftsschluss
die Verkehrsampel
die Marktfrau
der Fliegenpilz

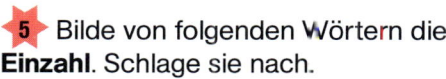

zitronengelb
windschief
spiegelglatt
eiskalt
spottbillig
kugelrund

das Schwimmbad
der Fragesatz
der Spielplatz
der Fahrstuhl
das Lesebuch
der Malstift
die Rutschgefahr

Schreibe sie so auf:

die Salatschüssel:
der Salat → S. 134
die Schüssel → S. 141

zitronengelb:
die Zitrone → S. ☐
gelb → S. ☐

das Schwimmbad:
schwimmen → S. ☐
das Bad → S. ☐

7 Stelle fest, auf welcher Seite diese **Zeitwörter** im Wörterbuch zu finden sind.

beißen – er biss – er hat gebissen –
er ging – er kochte – er ist gegangen –
kochen – er schrie – sie las –
er hat gekocht – fallen – er wuchs –
wir krochen – es gelang –
ich unterschied – er fiel –
er ist gefallen – wir begannen –
gehen

Schreibe sie so auf:

beißen, du beißt,
er biss → S. 58
er biss – beißen → S. 62

8 Diese **zusammengesetzten Wörter** findest du nicht im Wörterverzeichnis. Zerlege sie und schaue sie getrennt nach.

anfahren – abfahren – vorfahren –
zurückfahren – festfahren –
überfahren – durchfahren –
wegfahren – hinausfahren –
ausfahren –
aufschieben – ausschütten –
sich etwas vornehmen – überfallen –
forttragen – weggeben –
vorübergehen – zurückgeben –
hinüberwerfen

Schreibe sie so auf:

anfahren:
an → S. ☐, fahren → S. ☐

9 Suche **verwandte Wörter**. Schreibe auf, was neben den Wörtern steht.

die Erlaubnis – die Erzählung –
der Jäger – der Anhänger –
das Geschenk – die Ausstellung –
die Behandlung –
die Kälte – die Kürze –
gesünder – die Fläche –
die Härte – die Höhe

Schreibe so auf:

die Erlaubnis – erlauben

Zweites Wörterverzeichnis

A

aa
der **Aal,** die Aale → 12
das **Aas** (der Aasgeier) → 12
ab
ab
das **Ab|blend|licht** – abblenden
das **ABC** [Abc]
der **A|bend,** am Abend → 22
a|bends
das **A|ben|teu|er,** die Abenteuer → 18
a|ben|teu|er|lich → 18
a|ber
der **A|ber|glau|be**
a|ber|gläu|bisch → 20
die **Ab|fahrt,** die Abfahrten → 12
der **Ab|fall,** die Abfälle → 3
ab|ge|brannt – abbrennen → 5
ab|ge|hetzt – abhetzen → 10
ab|ge|lenkt – ablenken
der **Ab|ge|ord|ne|te,**
die Abgeordneten
die **Ab|ge|ord|ne|te**
der **Ab|grund,** die Abgründe → 22
ab|hän|gig sein → 19
sich **ab|här|ten,**
du härtest dich ab → 19
das **A|bi|tur**

die **Ab|kür|zung** – abkürzen
der **Ab|satz,** die Absätze → 10
ab|scheu|lich → 18
der **Ab|schied** –
sich verabschieden → 11, 22
der **Ab|schnitt** – abschneiden → 9
ab|seits
der **Ab|sen|der** – absenden
die **Ab|sicht,** die Absichten
ab|sicht|lich
der **Ab|stand,** die Abstände → 22
die **Ab|stim|mung** – abstimmen → 4
ab|stür|zen, du stürzt ab
das **Ab|teil,** die Abteile
die **Ab|tei|lung,** die Abteilungen
ab|wärts
ab|wech|selnd
die **Ab|wechs|lung**
ab|we|send
die **Ab|zwei|gung**
ac
ach
die **Ach|se,** die Achsen
die **Ach|sel,** die Achseln
acht, achtmal
ach|ten, du achtest
die **Ach|ter|bahn** → 12
Acht ge|ben, du gibst Acht
die **Ach|tung** – achten
acht|zehn → 13
acht|zig

Denke an Zusammensetzungen mit dem Wortbaustein **ab-**.

äc  al

    äch|zen, du ächzt
der **A|cker,** die Äcker → 1
die **Ac|tion**
    ad
    ad|die|ren, du addierst → 11
die **Ad|di|ti|on** – addieren
    a|de
die **A|der,** die Adern
das **Ad|jek|tiv,** die Adjektive
der **Ad|ler,** die Adler
    a|dop|tie|ren, du adoptierst → 11
die **Ad|res|se** – adressieren → 8
die **Ad|ria**
der **Ad|vent**
    af
der **Af|fe** – nachäffen → 2
    Af|ri|ka – afrikanisch
    ag
    ag|gres|siv
    ah
    ah|nen, du ahnst → 12
    ähn|lich → 19
die **Ähn|lich|keit** → 19
die **Ah|nung** – ahnen → 12
der **A|horn**
die **Äh|re,** die Ähren
    ai
das **Aids**
    ak
das **Ak|kor|de|on,** die Akkordeons
der **Ak|ku|sa|tiv**

der **Ak|ro|bat,** die Akrobaten
die **Ak|te,** die Akten
die **Ak|ti|on,** die Aktionen
    ak|tiv
    ak|tu|ell
    al
der **A|larm** – alarmieren
    al|bern
der **Alb|traum** [Alptraum]
das **Al|bum,** die Alben
der **Al|ko|hol**
    Al|lah
    al|le, alles → 3 ★
die **Al|lee,**
    die Alleen (Birkenallee)
    al|lein → 3 ★
    al|ler|dings → 3 ★
die **Al|ler|gie,** die Allergien
    al|ler|hand → 3 ★
    Al|ler|hei|li|gen → 3 ★
    Al|ler|see|len → 3 ★
    all|ge|mein → 3 ★
    all|mäh|lich → 3 ★
die **Alm,** die Almen
die **Al|pen**
das **Al|pha|bet**
    al|pha|be|tisch
der **Alp|traum** → Albtraum
    als
    al|so
    alt, älter, am ältesten

★ Denke an den gemeinsamen Wortstamm. ★

A   al      an

der **Al|tar,** die Altäre
das **Al|ter,** die Alter
    äl|ter, am ältesten – alt → 19
die **A|lu|fo|lie,** die Alufolien
das **A|lu|mi|ni|um**
    am
    am
der **A|ma|teur,** die Amateure
die **A|mei|se,** die Ameisen
    A|me|ri|ka – amerikanisch
die **Am|pel,** die Ampeln
die **Am|sel,** die Amseln
das **Amt,** die Ämter
sich **a|mü|sie|ren,**
    du amüsierst dich → 11
    an
    an ⭐
die **A|na|nas,**
der **An|blick** → 1
die **An|dacht,** die Andachten
    an|däch|tig → 19
das **An|den|ken,** die Andenken
    an|de|re
    an|ders
    an|ei|nan|der
der **An|fall,** die Anfälle → 3
der **An|fang,** die Anfänge
    an|fan|gen, du fängst an,
    er fing an
der **An|fän|ger** – anfangen → 19
die **An|fän|ge|rin** → 19

    an|fangs
der **An|ge|ber,** die Angeber
die **An|ge|be|rin**
    an|geb|lich
das **An|ge|bot** – anbieten
der **An|ge|klag|te** – anklagen
die **An|ge|klag|te**
die **An|gel** – angeln
    an|geln, du angelst
    an|ge|nehm → 13
der **An|ge|stell|te** – anstellen → 3
die **An|ge|stell|te** → 3
die **An|ge|wohn|heit** –
    angewöhnen → 14
die **An|gi|na**
    an|grei|fen, du greifst an,
    er griff an
der **An|griff** – angreifen → 2
die **Angst,** die Ängste
    ängst|lich – Angst → 19
der **An|hän|ger** – anhängen → 19
    an|häng|lich → 19
der **An|ker,** die Anker
    an|kreu|zen, du kreuzt an → 18
die **An|kunft** – ankommen
die **An|nah|me** – annehmen → 12
die **An|non|ce,** die Annoncen
der **A|no|rak,** die Anoraks
der **An|ruf** – anrufen
der **An|sa|ger** – ansagen
die **An|sa|ge|rin,** die Ansagerinnen

⭐ Denke an Zusammensetzungen mit dem Wortbaustein **an-**. ⭐

an  **ar** **A**

anscheinend
anschließend → 11, 16
der **An|schluss,**
die Anschlüsse → 8
an|schnal|len,
du schnallst an → 3
die **An|schrift** – anschreiben
die **An|sichts|kar|te**
an|stän|dig – Anstand → 19 ✦
an|statt → 9
an|ste|ckend – anstecken → 1
sich **an|stren|gen,**
du strengst dich an
an|stren|gend
die **An|stren|gung**
die **An|ten|ne,** die Antennen → 5
der **An|trag,** die Anträge → 23
die **Ant|wort,** die Antworten
ant|wor|ten, du antwortest
an|wen|den, du wendest an,
er wandte an
an|we|send
die **An|zahl** → 12
die **An|zei|ge,** die Anzeigen
der **An|zug,** die Anzüge → 23
an|zün|den, du zündest an
ap
der **Ap|fel,** die Äpfel
das **Ap|fel|mus**
die **Ap|fel|si|ne,** die Apfelsinen
die **A|po|the|ke,** die Apotheken

der **Ap|pa|rat,** die Apparate
das **Ap|par|te|ment**
der **Ap|pe|tit**
ap|pe|tit|lich
der **Ap|plaus**
die **Ap|ri|ko|se,** die Aprikosen
der **A|pril**
aq
das **A|qua|ri|um,** die Aquarien
ar
die **Ar|beit,** die Arbeiten
ar|bei|ten, du arbeitest
ar|beits|los
der **Ar|beits|lo|se,** die Arbeitslosen
die **Ar|beits|lo|se**
der **Ar|chi|tekt,** die Architekten
die **Ar|chi|tek|tin**
arg, ärger, am ärgsten → 23
är|ger, am ärgsten – arg → 19 ✦
der **Är|ger** – ärgern → 19
är|ger|lich → 19
är|gern, du ärgerst → 19
das **Ar|gu|ment** – argumentieren
arm, ärmer, am ärmsten
der **Arm,** die Arme
das **Ar|ma|tu|ren|brett**
der **Är|mel,** die Ärmel → 19 ✦
är|mer, am ärmsten – arm → 19 ✦
die **Ar|mut**
die **Art,** die Arten
ar|tig

✦ Denke an das verwandte Wort mit **a**. ✦

A

ar  au

der **Ar|ti|kel,** die Artikel
der **Ar|tist,** die Artisten
die **Ar|tis|tin,** die Artistinnen
die **Arz|nei,** die Arzneien
der **Arzt,** die Ärzte
die **Ärz|tin,** die Ärztinnen → 19
  as
die **A|sche**
der **A|scher|mitt|woch** → 9
  A|si|en – asiatisch
der **As|phalt** – asphaltieren
das **Ass,** die Asse (Spielkarte) → 8
  er **aß** – essen → 16
der **As|sis|tent**
die **As|sis|ten|tin**
der **Ast,** die Äste
die **As|ter,** die Astern
das **Asth|ma**
der **As|tro|naut,** die Astronauten
die **As|tro|nau|tin**
das **A|syl**
der **A|syl|be|wer|ber**
die **A|syl|be|wer|be|rin**
  at
der **A|tem** – atmen
  a|tem|los
der **Ath|let,** die Athleten
die **Ath|le|tin,** die Athletinnen
der **At|lan|tik**
der **At|las,** die Atlanten [Atlasse]
  at|men, du atmest

das **A|tom,** die Atome
das **A|tom|kraft|werk**
das **At|test,** die Atteste
  au
  auch
  auf ✦
  auf|dring|lich
  auf|ei|nan|der
der **Auf|ent|halt,** die Aufenthalte
  auf|fäl|lig – auffallen → 19, 3
  auf|for|dern, du forderst auf
  auf|fors|ten, es wird
    aufgeforstet
die **Auf|ga|be** – aufgeben
der **Auf|gang,** die Aufgänge
  auf|ge|regt – aufregen
der **Auf|hän|ger** – aufhängen
  auf|hö|ren, du hörst auf
  auf|merk|sam
die **Auf|merk|sam|keit**
die **Auf|nah|me** – aufnehmen → 12
  auf|pas|sen, du passt auf → 8
  auf|pral|len, es prallt auf → 3
  auf|räu|men, du räumst auf → 20
sich **auf|re|gen,** du regst dich auf
  auf|re|gend
die **Auf|re|gung**
der **Auf|satz,** die Aufsätze → 10
der **Auf|schnitt** –
    aufschneiden → 9
die **Auf|sicht,** die Aufsichten

✦ Nicht alle Zusammensetzungen mit **auf-** stehen hier. ✦

der **Auf**|**trag,** die Aufträge → 23
der **Auf**|**tritt** – auftreten → 9
auf|**wärts**
auf|**we**|**cken,** du weckst auf → 1
der **Auf**|**zug,** die Aufzüge → 23
das **Au**|**ge,** die Augen
der **Au**|**gen**|**blick,**
 die Augenblicke → 1
die **Au**|**gen**|**braue,** die Augenbrauen
das **Au**|**gen**|**lid,** die Augenlider → 22
der **Au**|**gust**
die **Au**|**la,** die Aulas [Aulen]
aus
aus
aus|**bes**|**sern,**
 du besserst aus → 8
die **Aus**|**bil**|**dung** – ausbilden
aus|**brei**|**ten,** du breitest aus
die **Aus**|**dau**|**er**
aus|**dau**|**ernd**
der **Aus**|**druck,** die Ausdrücke → 1
aus|**drück**|**lich** → 1
aus|**ei**|**nan**|**der**
der **Aus**|**flug,** die Ausflüge → 23
aus|**führ**|**lich**
die **Aus**|**ga**|**be** – ausgeben
der **Aus**|**gang,** die Ausgänge
aus|**ge**|**ben,** du gibst aus,
 er gab aus
aus|**ge**|**rech**|**net**
aus|**ge**|**zeich**|**net**

aus|**gie**|**big** → 11
der **Aus**|**gleich** – ausgleichen
aus|**he**|**cken,** du heckst aus → 1
die **Aus**|**kunft,** die Auskünfte
das **Aus**|**land** → 22
der **Aus**|**län**|**der,** die Ausländer → 19
die **Aus**|**län**|**de**|**rin** → 19
aus|**län**|**disch** → 19
aus|**lei**|**hen,** du leihst aus
die **Aus**|**nah**|**me** – ausnehmen → 12
aus|**nahms**|**wei**|**se** → 12
der **Aus**|**puff,** die Auspuffe → 2
die **Aus**|**re**|**de,** die Ausreden
aus|**rei**|**chend**
der **Aus**|**rei**|**ßer** – ausreißen → 16
der **Aus**|**schlag,** die Ausschläge
aus|**schließ**|**lich** → 11, 16
au|**ßen** → 16
au|**ßer** → 16
au|**ßer**|**dem** → 16
au|**ßer**|**halb** → 16
sich **äu**|**ßern,**
 du äußerst dich → 20, 16
au|**ßer**|**or**|**dent**|**lich** → 16
äu|**ßerst** → 20, 16
die **Aus**|**sicht,** die Aussichten
aus|**sichts**|**los**
die **Aus**|**stel**|**lung** – ausstellen → 3
Aust|**ra**|**li**|**en** – australisch
aus|**wärts**
der **Aus**|**weis** – sich ausweisen

 Denke an Zusammensetzungen mit dem Wortbaustein **aus-**.

aus wen dig
der **Aus|zu|bil|den|de,**
 die Auszubildenden
die **Aus|zu|bil|den|de**
 aut
das **Au|to,** die Autos
das **Au|to|gramm,**
 die Autogramme → 4
der **Au|to|mat,** die Automaten
 au|to|ma|tisch
der **Au|tor,** die Autoren
die **Au|to|rin,** die Autorinnen
 ax
die **Axt,** die Äxte

B

ba
das **Ba|by,** die Babys
der **Bach,** die Bäche
die **Ba|cke,** die Backen → 1
 ba|cken, du backst
 [bäckst] (Kuchen backen) → 1
der **Bä|cker** – backen → 19, 1
die **Bä|cke|rei** – backen → 19, 1
das **Bad,** die Bäder → 23 ✦
 ba|den, du badest

Ba|den-Würt|tem|berg –
 baden-württembergisch
der **Bag|ger,** die Bagger
 bag|gern, du baggerst
die **Bahn,** die Bahnen → 12
der **Bahn|steig,**
 die Bahnsteige → 12
die **Bah|re,** die Bahren → 12
die **Bak|te|rie,** die Bakterien
 ba|lan|cie|ren,
 du balancierst → 11
 bald
der **Bal|ken,** die Balken
der **Bal|kon,** die Balkone [Balkons]
der **Ball,** die Bälle → 3
das **Bal|lett** → 9
der **Bal|lon,** die Ballone [Ballons]
die **Ba|na|ne,** die Bananen
das **Band,** die Bänder → 22 ✦
der **Band,** die Bände
 (Bücher) → 22 ✦
die **Band,** die Bands
 (Musikgruppe) ✦
 er **band** – binden → 22 ✦
die **Ban|de** (Räuberbande)
die **Bank,** die Bänke (Gartenbank)
die **Bank,** die Banken
 (das Geldinstitut)
 bar
die **Bar,** die Bars
der **Bär,** die Bären

✦ Beim verlängerten Wort hörst du das **d** deutlich. ✦

ba  be

die **Ba|ra|cke,** die Baracken → 1
bar|fuß → 16
das **Bar|geld** → 22
das **Ba|ro|me|ter,** die Barometer
der **Bar|ren,** die Barren → 7
barsch
der **Bart,** die Bärte
der **Ba|sar** [Bazar], die Basare
der **Bas|ket|ball** → 3
der **Bass,** die Bässe
(Kontrabass) → 8
bas|teln, du bastelst
er **bat** – bitten
die **Bat|te|rie,** die Batterien → 9
der **Bau,** die Bauten
der **Bauch,** die Bäuche
bau|en, du baust
der **Bau|er,** die Bauern
die **Bäu|e|rin,** die Bäuerinnen → 20
bau|fäl|lig → 3
der **Baum,** die Bäume
Bay|ern – bayerisch
der **Ba|zar** → Basar
die **Ba|zil|len** → 3
be
be|ach|ten, du beachtest
der **Be|am|te,** die Beamten
die **Be|am|tin,** die Beamtinnen
be|an|tra|gen, du beantragst
be|ben, du bebst
der **Be|cher,** die Becher

das **Be|cken,** die Becken → 1
be|däch|tig → 19
sich **be|dan|ken,** du bedankst dich
be|dau|er|lich
be|dau|ern, du bedauerst
be|deu|tend → 18
die **Be|deu|tung** – bedeuten → 18
die **Be|die|nung** – bedienen → 11
die **Be|din|gung** – bedingen
be|droh|lich → 14
das **Be|dürf|nis,** die Bedürfnisse
sich **be|ei|len,** du beeilst dich ✹
be|ein|druckt → 1 ✹
be|ein|flus|sen,
du beeinflusst mich → 8 ✹
be|en|den, du beendest ✹
die **Be|er|di|gung** – beerdigen ✹
die **Bee|re,** die Beeren → 13
das **Beet,** die Beete
(Blumenbeet) → 13
er **be|fahl** – befehlen → 12
er **be|fand** sich – sich befinden
der **Be|fehl,** die Befehle → 13
be|feh|len, du befiehlst,
er befahl → 13
du **be|fiehlst** – befehlen → 11
sich **be|fin|den,** du befindest dich,
er befand sich
be|foh|len – befehlen → 14
be|freun|det → 18
be|frie|di|gend → 11

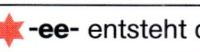 -ee- entsteht durch Zusammensetzen mit dem Wortbaustein **be-**.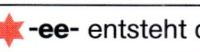

befruch|ten, es wird befruchtet
begabt
die **Be**|ga|bung
er **be**|gann – beginnen → 5
be|geg|nen, du begegnest
die **Be**|geg|nung – begegnen
sich **be**|geis|tern,
  du begeisterst dich
der **Be**|ginn – beginnen → 5
be|gin|nen, du beginnst,
  er begann → 5
be|glei|ten, du begleitest
der **Be**|glei|ter, die Begleiter
be|glück|wün|schen,
  du beglückwünschst → 1
be|gon|nen – beginnen → 5
das **Be**|gräb|nis – begraben → 19
be|grei|fen, du begreifst,
  er begriff
der **Be**|griff, die Begriffe → 2
be|grün|den, du begründest
be|grü|ßen, du begrüßt → 16
be|haart → 12
be|hag|lich
be|hal|ten, du behältst,
  er behielt
der **Be**|häl|ter, die Behälter → 19
du **be**|hältst – behalten → 19
die **Be**|hand|lung – behandeln
be|harr|lich → 7
be|haup|ten, du behauptest

die **Be**|haup|tung – behaupten
sich **be**|herr|schen,
  du beherrschst dich → 7
be|herzt
er **be**|hielt – behalten → 11
be|hilf|lich
be|hin|dern, du behinderst
der **Be**|hin|derte
die **Be**|hin|derte
die **Be**|hin|de|rung,
  die Behinderungen
be|hü|ten, du behütest
be|hut|sam
bei
bei ★
die **Beich**|te – beichten
bei|de
der **Bei**|fah|rer, die Beifahrer → 12
die **Bei**|fah|re|rin → 12
der **Bei**|fall → 3
bei|ge (beige Farbe)
das **Beil**, die Beile
das **Bein**, die Beine
bei|na|he
bei|sam|men → 4
das **Bei**|spiel, die Beispiele
  (zum Beispiel [z. B.]) → 11
bei|ßen, du beißt, er biss → 16
der **Bei**|trag, die Beiträge → 23
bek
er **be**|kam – bekommen

★ Nicht alle Zusammensetzungen mit **bei-** stehen hier. ★

bekannt → 5
der **Bekannte,** die Bekannten → 5
die **Bekannte** → 5
sich **bekleckern,**
  du bekleckerst dich → 1
die **Bekleidung** (Kleider) ✶
bekommen, du bekommst,
  er bekam → 4
bel
der **Belag,** die Beläge → 23
die **Belästigung** – belästigen ✶
beleidigen, du beleidigst
beleidigt
die **Beleidigung** – beleidigen ✶
die **Beleuchtung** – beleuchten ✶
Belgien – belgisch
belichtet – belichten
beliebt → 11
bellen, er bellt (laut bellen) → 3
belohnen, du belohnst → 14
die **Belohnung** – belohnen → 14 ✶
bem
die **Bemerkung** – bemerken ✶
sich **bemühen,** du bemühst dich
ben
benachrichtigen,
  du benachrichtigst
er **benahm** sich –
  sich benehmen → 12
sich **benehmen,** du benimmst
  dich, er benahm sich → 13

beneiden, du beneidest
du **benimmst** dich –
  sich benehmen → 4
benommen –
  sich benehmen → 4
benötigen, du benötigst
benutzen, du benutzt → 10
das **Benzin,** die Benzine
beo
beobachten, du beobachtest
die **Beobachtung** – beobachten ✶
beq
bequem
ber
der **Berater** – beraten
die **Beraterin**
berechtigt
die **Berechtigung,**
  die Berechtigungen ✶
der **Bereich,** die Bereiche
bereit
bereiten, du bereitest
bereits
bereuen, du bereust → 21
der **Berg,** die Berge → 23
bergab
bergauf
bergig
die **Bergung** – bergen ✶
der **Bericht,** berichten
berichten, du berichtest

✶ Wörter mit der Nachsilbe **-ung** sind Namenwörter. ✶

die **Be|rich|ti|gung,**
  die Berichtigungen ★
  be|rie|seln → 11
  Berlin – berlinerisch
  be|rüch|tigt
  be|rück|sich|ti|gen,
  du berücksichtigst → 1
der **Be|ruf,** die Berufe
  be|ruf|lich
  be|rufs|tä|tig → 19
  be|ru|hi|gen, du beruhigst
  be|ru|higt
die **Be|ru|hi|gung** ★
  be|rühmt
die **Be|rüh|rung** – berühren ★
  bes
er **be|sann** sich – sich besinnen → 5
er **be|saß** – besitzen → 16
  be|schä|di|gen,
  du beschädigst → 19
sich **be|schäf|ti|gen,**
  du beschäftigst dich
  be|schäf|tigt
die **Be|schäf|ti|gung** ★
  Be|scheid sagen
  be|schei|den
die **Be|schei|ni|gung** –
  bescheinigen ★
die **Be|sche|rung** – bescheren ★
  be|schleu|ni|gen,
  du beschleunigst → 18

  be|schlie|ßen, du beschließt,
  er beschloss → 11, 16
er **be|schloss** – beschließen
  be|schlos|sen –
  beschließen → 8
der **Be|schluss,**
  die Beschlüsse → 8
sich **be|schmut|zen,**
  du beschmutzt dich → 10
  be|schrif|ten, du beschriftest
  be|schul|di|gen, du beschuldigst
  be|schüt|zen,
  du beschützt → 10
sich **be|schwe|ren,**
  du beschwerst dich
  be|sei|ti|gen, du beseitigst
der **Be|sen,** die Besen
  be|ses|sen – besitzen → 8
  be|setzt → 10
  be|sich|ti|gen, du besichtigst
die **Be|sich|ti|gung** – besichtigen ★
sich **be|sin|nen,** du besinnst dich,
  er besann sich → 5
  be|sit|zen, du besitzt,
  er besaß → 10
  be|son|ders
  be|son|nen – besinnen → 5
die **Be|sor|gung** – besorgen ★
die **Be|spre|chung** – besprechen ★
  bes|ser, am besten – gut → 8
er **be|stand** – bestehen → 22

★ Wörter mit der Nachsilbe **-ung** sind Namenwörter. ★

be**stan**den – bestehen
die Be**stä**ti**gung** – bestätigen ⭐
die Be**stäu**bung –
  bestäuben → 20 ⭐
das Be**steck**, die Bestecke → 1
be**ste**hen, du bestehst,
  er bestand
die Be**stel**lung – bestellen → 3 ⭐
am **bes**ten – gut
die Bes**tie**, die Bestien
be**stimmt** → 4
die Be**stra**fung – bestrafen ⭐
der Be**such** – besuchen
  bet
be**täubt** → 20
die Be**täu**bung → 20 ⭐
sich be**tei**ligen, du beteiligst dich
be**ten**, du betest
der Be**ton** – betonieren
be**to**nen, du betonst
be**trach**ten, du betrachtest
der Be**trag**, die Beträge → 23
sich be**tra**gen, du beträgst dich,
  er betrug sich
du be**trägst** dich – betragen → 19
be**treu**en, du betreust → 18
der Be**trieb**, die Betriebe → 11
er be**trog** – betrügen → 23
be**tro**gen – betrügen
be**trübt**
der Be**trug** → 23

er be**trug** sich – sich betragen
be**trü**gen, du betrügst,
  er betrog
das **Bett**, die Betten
  (Kinderbett) → 9
betteln, du bettelst → 9
der **Bett**ler – betteln → 9
die **Bett**le**rin**, die Bettlerinnen → 9
  beu
die **Beu**le, die Beulen → 18
die **Beu**te → 18
der **Beu**tel, die Beutel → 18
  bev
die Be**völ**ke**rung** – bevölkern ⭐
be**vor**
be**vor**zu**gen**, du bevorzugst
  bew
er be**warb** sich – sich bewerben
sich be**we**gen, du bewegst dich
be**weg**lich
die Be**we**gung ⭐
der Be**weis** – beweisen
sich be**wer**ben, du bewirbst dich,
  er bewarb sich
die Be**wer**bung ⭐
du be**wirbst** dich – sich bewerben
die Be**woh**ner – bewohnen → 14
be**wölkt**
die Be**wöl**kung ⭐
be**wun**dern, du bewunderst
be**wusst**los → 8

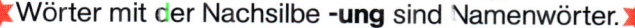
⭐ Wörter mit der Nachsilbe **-ung** sind Namenwörter. ⭐

bez      **bl**

bez
die **Be|zie|hung,**
   die Beziehungen → 11
der **Be|zirk,** die Bezirke
der **Be|zug** – beziehen → 23
bi
die **Bi|bel,** die Bibeln
der **Bi|ber,** die Biber
die **Bib|lio|thek,** die Bibliotheken
   bie|gen, du biegst,
   er bog → 11 ✺
   bieg|sam → 11 ✺
die **Bie|gung** – biegen → 11 ✺
die **Bie|ne,** die Bienen → 11
das **Bier,** die Biere → 11
das **Biest,** die Biester → 11
   bie|ten, du bietest, er bot
der **Bi|ki|ni,** die Bikinis
das **Bild,** die Bilder → 22
der **Bild|schirm**
die **Bil|dung** – sich bilden
   bil|lig → 3
ich **bin,** du bist, er war – sein
die **Bin|de,** die Binden
   bin|den, du bindest, er band
die **Bin|dung,** die Bindungen
die **Bi|o|lo|gie**
das [der] **Bi|o|top,** die Biotope
die **Bir|ke,** die Birken
die **Bir|ne,** die Birnen
   bis (von 8 bis 12 Uhr)

der **Bi|schof,** die Bischöfe
   bis|her
der **Biss,** die Bisse (Hundebiss) → 8
   er **biss** – beißen → 8
ein **biss|chen** → 8
   bis|sig → 8
   du **bist,** du warst – sein
das **Bit,** die Bits
die **Bit|te** – bitten → 9
   bit|ten, du bittest, er bat
   bit|ter → 9
bl
die **Bla|ma|ge,** die Blamagen
sich **bla|mie|ren,**
   du blamierst dich → 11
   blank
die **Bla|se,** die Blasen
   bla|sen, du bläst, er blies
   blass, blasser [blässer],
   am blassesten → 8
   blas|ser [bläs|ser],
   am blassesten – blass → 8
   du **bläst** – blasen → 19
das **Blatt,** die Blätter → 9
   blät|tern, du blätterst → 19, 9
   blau
   bläu|lich – blau → 20
er **blieb** – bleiben → 11
er **blies** – blasen → 11
   blind → 22
der **Blind|darm**

✺ Denke an den gemeinsamen Wortstamm. ✺

bl  **br**

blind|lings
blin|ken, du blinkst
der Blin|ker – blinken
blin|zeln, du blinzelst
der Blitz, die Blitze → 10
blitz|blank → 10
blit|zen, es blitzt → 10
der Block, die Blöcke → 1
der Blöd|sinn – blöd[e] → 5
blond → 22
bloß → 16
blü|hen, es blüht
die Blu|me, die Blumen
die Blu|se, die Blusen
das Blut – blutig
die Blü|te, die Blüten
blu|ten, du blutest
bo
der Bob, die Bobs
der Bock, die Böcke → 1
bo|ckig → 1
der Bo|den, die Böden
er bog – biegen → 23
der Bo|gen, die Bogen [Bögen]
die Boh|ne, die Bohnen → 14 ✶
boh|ren, du bohrst → 14 ✶
der Boh|rer, die Bohrer → 14 ✶
der Boi|ler, die Boiler
die Bo|je, die Bojen
bol|zen, du bolzt
die Bom|be, die Bomben

der [das] Bon|bon, die Bonbons
das Boot, die Boote (Segelboot) –
das Bötchen → 14 ✶
an Bord
bor|gen, du borgst
die Bors|te, die Borsten
bös [bö|se], nichts Böses
die Bö|schung, die Böschungen
bos|haft
die Bos|heit
er bot – bieten
der Bo|te, die Boten (Postbote)
die Bo|tin (Postbotin)
die Bot|schaft, die Botschaften
bo|xen, du boxt
der Bo|xer – boxen
br
er brach – brechen
er brach|te – bringen
der Brand, die Brände → 22
Bran|den|burg –
brandenburgisch
die Bran|dung
es brann|te – brennen → 5
bra|ten, du brätst, er briet
der Bra|ten, die Braten
du brätst – braten → 19
der Brauch, die Bräuche
brau|chen, du brauchst
die Braue|rei – brauen
braun

✶ Diese Wörter enthalten Dehnungszeichen. ✶

br  **bu**

bräunen, du bräunst → 20
die Brause, die Brausen
brausen, du braust
die Braut, die Bräute
der Bräutigam, die Bräutigame
brav
bravo
brechen, du brichst, er brach
der Brei, die Breie
breit
die Breite, die Breiten
Bremen – bremisch
die Bremse, die Bremsen
bremsen, du bremst
brennen, es brennt,
es brannte → 5
die Brennnessel,
die Brennnesseln → 5, 8
brenzlig ✦
das Brett, die Bretter → 9
die Brezel, die Brezeln
du brichst – brechen
der Brief, die Briefe → 11
er briet – braten → 11
das Brikett, die Briketts → 9
die Brille, die Brillen → 3
bringen, du bringst, er brachte
die Brise (leichter Wind)
der Brite
die Britin
bröckeln, es bröckelt → 1

der Brocken, die Brocken → 1
die Brombeere,
die Brombeeren → 13
die Bronzemedaille,
die Bronzemedaillen
das Brot, die Brote
der Bruch, die Brüche
die Brücke, die Brücken → 1
der Bruder, die Brüder
die Brühe
brüllen, du brüllst → 3
brummen, du brummst → 4
brummig → 4 ✦
der Brunnen, die Brunnen → 5
die Brust, die Brüste
das Brustschwimmen → 4
die Brut
brutal
die Brutalität
brüten, er brütet
brutzeln, es brutzelt → 10
bu
der Bub, die Buben → 21
das Buch, die Bücher
die Buche, die Buchen
die Bücherei, die Büchereien
die Büchse, die Büchsen
der Buchstabe, die Buchstaben
buchstabieren,
du buchstabierst → 11
die Bucht, die Buchten

✦ Wörter mit der Nachsilbe **-ig** sind Eigenschaftswörter. ✦

bu   ce

B
C

der **Bu|ckel,** die Buckel → 1
   bu|cke|lig [buck|lig] → 1
sich **bü|cken,** du bückst dich → 1
   bud|deln, du buddelst
die **Bu|de,** die Buden
der **Bü|gel,** die Bügel
   bü|geln, du bügelst
   bu|hen, du buhst
die **Büh|ne,** die Bühnen
der **Bull|dog,** die Bulldogs → 3
die **Bull|dog|ge,** die Bulldoggen → 3
der **Bul|le,** die Bullen → 3
der **Bu|me|rang,** die Bumerangs
   [Bumerange]
   bum|meln, du bummelst → 4
das **Bund** (Schlüsselbund) → 22
der **Bund,** die Bünde
   (Geheimbund) → 22
das **Bün|del,** die Bündel
der **Bun|des|kanz|ler**
die **Bun|des|li|ga**
die **Bun|des|re|pub|lik**
die **Bun|des|wehr** → 13
der **Bun|ga|low,** die Bungalows
   bunt
der **Bunt|stift**
die **Burg,** die Burgen → 23
der **Bür|ger,** die Bürger
die **Bür|ge|rin,** die Bürgerinnen
der **Bür|ger|meis|ter**
die **Bür|ger|meis|te|rin**

das **Bü|ro,** die Büros
der **Bur|sche,** die Burschen
die **Bürs|te,** die Bürsten
   bürs|ten, du bürstest
der **Bus,** die Busse (Autobus)
der **Busch,** die Büsche
   bu|schig
der **Bu|sen,** die Busen
der **Bus|sard,** die Bussarde → 8
die **Bu|ße** (Buße tun) → 16
   bü|ßen, du büßt → 16
die **But|ter** → 9

C

   c
das **Ca|brio** → Kabrio
das **Ca|fé,** die Cafés
   cam|pen, du campst
der **Cam|ping|platz** → 10
der **CD-Play|er,** die CD-Player
die **CD-ROM,** die CD-ROM[s]
das **Cel|lo,** die Celli (die Cellos)
das **Cel|lo|phan** → Zellophan
   Cel|si|us (5° Celsius)
der **Cent,** die Cents

c am Wortanfang wird verschieden gesprochen.

ch   da

die **Chan|ce,** die Chancen ✸
das **Cha|os** ✸
der **Cha|rak|ter,** die Charaktere ✸
der **Chef,** die Chefs ✸
die **Che|fin,** die Chefinnen ✸
die **Che|mie** ✸
   chic → schick ✸
   Chi|na – chinesisch ✸
der **Chi|ne|se,** die Chinesen ✸
die **Chi|ne|sin,** die Chinesinnen ✸
der **Chip,** die Chips ✸
der **Chor,** die Chöre ✸
der **Christ,** die Christen ✸
das **Christ|kind** ✸
   christ|lich ✸
   Chris|tus ✸
   cir|ca → zirka
der **Cir|cus** → Zirkus
die **Ci|ty**
   cle|ver
der **Clip** → Klipp
der **Clown,** die Clowns
der **Club** → Klub
   Co|la
der **Co|mic,** die Comics
der **Com|pu|ter,** die Computer
der **Con|tai|ner,** die Container
   cool (cool sein)
die **Corn|flakes**
die **Couch,** die Couches
der **Cou|sin,** die Cousins

die **Cou|si|ne** → Kusine
der **Cow|boy,** die Cowboys
die **Creme** [Krem], die Cremes
die **Cur|ry|wurst,** die Currywürste

D

da
   da
   da|bei
das **Dach,** die Dächer
er **dach|te** – denken
der **Da|ckel,** die Dackel → 1
   da|durch
   da|für
   da|ge|gen
   da|heim
   da|her
   da|mals
die **Da|me,** die Damen
   da|mit
   däm|lich
der **Damm,** die Dämme → 4
   däm|mern, es dämmert → 4
die **Däm|me|rung** → 4
der **Dampf,** die Dämpfe
   damp|fen, es dampft

✸ **ch** am Wortanfang wird verschieden gesprochen. ✸

der **Damp|fer,** die Dampfer
   da|nach
   Dä|ne|mark – dänisch
der **Dank** – danken
   dank|bar
   dan|ken, du dankst mir
   dann → 5
   da|ran [dran] ✶
   da|rauf [drauf] ✶
   da|raus [draus] ✶
 du **darfst** – dürfen
   da|rin [drin] ✶
der **Darm,** die Därme
   da|rü|ber [drü|ber] ✶
   da|rum [drum] ✶
   da|run|ter [drun|ter] ✶
   das (das Kind)
   dass (sich freuen, dass ...)
   das|sel|be
der **Da|tiv**
das **Da|tum,** die Daten
 die **Dau|er**
   dau|ern, es dauert
   dau|ernd
der **Dau|men,** die Daumen
   da|von
   da|vor
   da|zu
   da|zwi|schen
   de
das **Deck,** die Decks → 1

die **De|cke,** die Decken → 1
der **De|ckel,** die Deckel → 1
   de|cken, du deckst → 1
   de|fekt
   deh|nen, du dehnst → 13
der **Deich,** die Deiche
   (Deichbruch)
die **Deich|sel,** die Deichseln
   dein
   dei|net|we|gen
der **Del|fin** → Delphin
die **Del|le,** die Dellen → 3
der **Del|phin [Delfin],** die Delphine
   dem
   dem|nächst
die **De|mo|kra|tie,** die Demokratien
   de|mo|kra|tisch
die **De|mon|stra|ti|on** – demonstrieren
   den
   den|ken, du denkst, er dachte
das **Denk|mal,** die Denkmäler
   denn (Wo denn?) → 5
   den|noch
   der
   derb → 22
   der|sel|be
   des
   des|halb
   des|sen → 8
   des|to (desto besser)

D

✶ Du kannst diese Wörter auch erst nach dem **r** trennen, z.B.: **dar-an**. ✶

der **De|tek|tiv,** die Detektive
deu|ten, du deutest → 18
deut|lich –
die **Deut|lich|keit** → 18 ⭐
der **Deut|sche,** die Deutschen → 18
die **Deut|sche** → 18
Deutsch|land – deutsch → 18
der **De|zem|ber**
der **De|zi|me|ter**
    di
das **Dia,** die Dias
der **Di|a|lekt,** die Dialekte
der **Di|a|mant,** die Diamanten
die **Di|ät**
dich
dicht
dich|ten, du dichtest
der **Dich|ter,** die Dichter
die **Dich|te|rin**
die **Dich|tung,** die Dichtungen
dick → 1
das **Di|ckicht** → 1
der **Dick|kopf** → 1
die
der **Dieb,** die Diebe → 11, 21
der **Dieb|stahl** → 11, 12
die **Die|le,** die Dielen → 11
die|nen, du dienst → 11
der **Dienst,** die Dienste → 11
der **Diens|tag,** am Dienstag → 11
diens|tags → 11

dienst|lich → 11 ⭐
dies, diese, dieser, dieses → 11
die|sel|be
der **Die|sel|mo|tor** → 11
die|sig → 11
dies|mal → 11
die **Dif|fe|renz,** die Differenzen → 2
das **Dik|tat,** die Diktate
dik|tie|ren, du diktierst → 11
das **Ding,** die Dinge
der **Di|no|sau|ri|er**
dir
di|rekt
der **Di|rek|tor,** die Direktoren
die **Di|rek|to|rin**
der **Di|ri|gent** – dirigieren
die **Di|ri|gen|tin,** die Dirigentinnen
die **Dis|ket|te,** die Disketten → 9
die **Dis|ko|thek,** die Diskotheken
die **Dis|kus|sion** – diskutieren → 8
die **Dis|tel,** die Disteln
di|vi|die|ren, du dividierst → 11
die **Di|vi|sion** – dividieren
    do
doch
der **Docht,** die Dochte
der **Dok|tor,** die Doktoren
die **Dok|to|rin**
der **Dolch,** die Dolche
der **Dol|lar,** die Dollars → 3
der **Dol|met|scher,** die Dolmetscher

⭐ Wörter mit der Nachsilbe **-lich** sind Eigenschaftswörter. ⭐

do  **ds**

die **Dol|met|sche|rin**
der **Dom,** die Dome
der **Domp|teur,** die Dompteure → 18
die **Domp|teu|se,** die Dompteusen
die **Do|nau**
der **Dö|ner Ke|bab**
der **Don|ner** – donnern → 5
   don|nern, es donnert → 5
der **Don|ners|tag,** am Donnerstag
   don|ners|tags → 5
   doof → 14
   dop|pelt → 6
das **Dorf,** die Dörfer
der **Dorn,** die Dornen
   dor|nig ✶
   dort
die **Do|se,** die Dosen
   dö|sen, du döst
das [der] **Dot|ter,** die Dotter → 9
   dr
der **Dra|che,** die Drachen
der **Dra|chen,** die Drachen
der **Draht,** die Drähte → 12
   dran
   drän|geln, du drängelst
   drän|gen, du drängst → 19
   drauf
   drau|ßen → 16
der **Dreck** – verdrecken → 1
   dre|ckig → 1 ✶
   dre|hen, du drehst

drei, dreimal
das **Drei|eck,** die Dreiecke → 1
   drei|e|ckig → 1 ✶
   drei|ßig → 16
   drei|zehn → 13
   dre|schen, du drischst,
   er drosch
der **Dress** (Sportdress) → 8
   dres|sie|ren, du dressierst → 11
   drib|beln, du dribbelst
   (mit dem Ball dribbeln)
   drin
   drin|gend
   drin|nen → 5
du **drischst** – dreschen
   drit|tens → 9
die **Dro|ge,** die Drogen
die **Dro|ge|rie,** die Drogerien
   dro|hen, du drohst
   dröh|nen, es dröhnt
die **Dro|hung** – drohen
   drol|lig → 3 ✶
   er **drosch** – dreschen
die **Dros|sel,** die Drosseln → 8
der **Druck,** die Drucke → 1
   drü|cken, du drückst → 1
die **Dru|cke|rei,** die Druckereien → 1
   drum
die **Drü|se,** die Drüsen
   ds
der **Dschun|gel**

D

✶ Wörter mit der Nachsilbe **-ig** sind Eigenschaftswörter. ✶

du
du
der **Dü|bel,** die Dübel
sich **du|cken,** du duckst dich → 1
der **Duft,** die Düfte
    duf|ten, du duftest
    dul|den, du duldest
    dumm, dümmer,
    am dümmsten → 4
    düm|mer, am dümmsten –
    dumm
die **Dumm|heit,**
    die Dummheiten → 4
    dumpf
die **Dü|ne,** die Dünen (Sanddüne)
der **Dün|ger** – düngen
    dun|kel
die **Dun|kel|heit**
    dünn → 5
der **Dunst,** die Dünste
    durch ⭐
    durch|ei|nan|der
    durch|läs|sig → 19, 8
    durch|que|ren, du durchquerst
der **Durch|schnitt** –
    durchschnittlich → 9
    dür|fen, du darfst, er durfte
  er **durf|te** – dürfen
    dürr → 7
der **Durst**
    durs|tig

die **Du|sche,** die Duschen
    (der Duschraum)
    du|schen, du duschst
der **Dü|sen|jä|ger,** die Düsenjäger
    düs|ter
das **Dut|zend,** die Dutzende → 10

dy
der **Dy|na|mo,** die Dynamos

E

e
die **Eb|be**
    e|ben
die **E|be|ne,** die Ebenen
    e|ben|falls → 3
    e|ben|so
das **E|cho,** die Echos
    echt (echter Schmuck)
die **E|cke,** die Ecken → 1
    e|ckig → 1
das **E|del|weiß** → 16
der **E|feu**
    e|gal
die **Eg|ge** – eggen
der **E|go|ist** – egoistisch

eh
die **E|he** (das Ehepaar)

⭐ Denke an Zusammensetzungen mit dem Wortbaustein **durch-**. ⭐

e|he (bevor)
e|her
die Eh|re – ehren → 13
ehr|gei|zig → 13
ehr|lich → 13
ei
das Ei, die Eier
die Ei|che, die Eichen
die Ei|chel, die Eicheln
das Eich|hörn|chen,
die Eichhörnchen
die Ei|dech|se, die Eidechsen
ei|fer|süch|tig
eif|rig
ei|gen (das eigene Zimmer)
ei|gen|ar|tig
die Ei|gen|schaft,
die Eigenschaften
ei|gen|sin|nig → 5
ei|gent|lich
das Ei|gen|tum, die Eigentümer
sich eig|nen, du eignest dich
die Ei|le
ei|len, du eilst
ei|lig
der Ei|mer, die Eimer
ein
ein
ein|an|der ★
die Ein|bahn|stra|ße → 12, 16
der Ein|band, die Einbände → 22

sich ein|bil|den, du bildest dir ein
der Ein|bre|cher, die Einbrecher
der Ein|bruch, die Einbrüche
ein|deu|tig → 18
der Ein|druck, die Eindrücke → 1
ein|fach – das Einfachste
ein|fä|deln, du fädelst ein → 19
der Ein|fall, die Einfälle → 3
der Ein|fluss, die Einflüsse → 8
ein|ge|bil|det
die Ein|ge|bo|re|nen
ein|hef|ten, du heftest ein
ein|hei|misch
die Ein|hei|mi|schen
ein|hun|dert
ei|nig
ei|ni|ge
sich ei|ni|gen, du einigst dich
ei|ni|ger|ma|ßen → 18
ein|la|den, du lädst ein,
er lud ein
ein|mal
das Ein|mal|eins
ein|ma|lig
die Ein|nah|me – einnehmen → 12
ein|pa|cken, du packst ein → 1
sich ein|prä|gen, du prägst dir ein
ein|rah|men, du rahmst ein → 12
die Ein|rich|tung, die Einrichtungen
eins
ein|sam

★ Du kannst dieses Wort auch anders trennen: **ein-an-der**. ★

ein  **em**

die **Ein|sam|keit**
ein|sei|tig ✦
ein|sper|ren, er ist eingesperrt
ein|spu|rig ✦
einst
ein|stim|mig → 4 ✦
der **Ein|tritt** – eintreten → 9
ein|ver|stan|den
der **Ein|wand,** die Einwände → 22
ein|wand|frei
die **Ein|weg|fla|sche**
der **Ein|woh|ner,** die Einwohner → 14
die **Ein|woh|ne|rin** → 14
die **Ein|zahl** → 12
die **Ein|zel|heit,** die Einzelheiten
ein|zeln – der Einzelne
ein|zig – der Einzige ✦
ein|zig|ar|tig ✦
eis
das **Eis**
das **Ei|sen,** die Eisen
die **Ei|sen|bahn,** die Eisenbahnen
ei|sern
das **Eis|ho|ckey** → 1
ei|sig ✦
eit
ei|tel
die **Ei|tel|keit**
der **Ei|ter**
ei|te|rig [eit|rig] ✦
ei|tern, es eitert

ek
der **Ekel**
e|ke|lig [ek|lig] ✦
sich **e|keln,** du ekelst dich
el
e|las|tisch
die **El|be**
der **E|le|fant,** die Elefanten
e|le|gant
der **E|lekt|ri|ker,** die Elektriker
e|lekt|risch
die **E|lekt|ri|zi|tät**
e|lend (sich elend fühlen) → 22
das **E|lend**
elf
der **Ell|bo|gen [El|len|bo|gen]** → 3
die **El|tern**
em
die **E-Mail,** die E-Mails
(elektronische Nachricht)
er **emp|fahl** – empfehlen → 12
er **emp|fand** – empfinden → 22
emp|fan|gen, du empfängst,
er empfing
der **Emp|fän|ger,**
die Empfänger → 19
die **Emp|fän|ge|rin** → 19
du **emp|fängst** – empfangen → 19
emp|feh|len, du empfiehlst,
er empfahl → 13
du **emp|fiehlst** – empfehlen → 11

✦ Wörter mit der Nachsilbe **-ig** sind Eigenschaftswörter. ✦

emp|fin|den, du empfindest,
er empfand
emp|find|lich
er **emp|fing** – empfangen
emp|foh|len – empfehlen → 14
emp|fun|den – empfinden
em|por
die **Em|po|re,** die Emporen
sich **em|pö|ren,** du empörst dich
em|pört
em|sig

en

das **En|de,** die Enden (Wochenende)
am **En|de**
end|gül|tig
end|lich
end|los
die **E|ner|gie,** die Energien → 11
e|ner|gisch
eng
der **En|gel,** die Engel
Eng|land – englisch
der **Eng|län|der,** die Engländer → 19
die **Eng|län|de|rin** → 19
das **Eng|lisch**
der **En|kel,** die Enkel
die **En|ke|lin**
e|norm

ent

die **Ent|bin|dung** – entbinden
ent|de|cken, du entdeckst → 1
die **Ent|de|ckung** – entdecken → 1
die **En|te,** die Enten (Entenfeder)
sich **ent|fer|nen,** du entfernst dich
die **Ent|fer|nung** – entfernen
ent|ge|gen
ent|geg|nen, du entgegnest
ent|glei|sen, er entgleist
ent|lang
ent|rüs|tet
die **Ent|schei|dung** – entscheiden
ent|schie|den → 11
sich **ent|schlie|ßen,**
du entschließt dich,
er entschloss sich → 11, 16
ent|schlos|sen → 8
der **Ent|schluss** –
sich entschließen → 8
sich **ent|schul|di|gen,**
du entschuldigst dich
die **Ent|schul|di|gung,**
die Entschuldigungen
ent|setz|lich → 10
ent|setzt → 10
die **Ent|span|nung** –
entspannen → 5
ent|täuscht
die **Ent|täu|schung,**
die Enttäuschungen
ent|we|der ... oder
sich **ent|wi|ckeln,**
du entwickelst dich → 1

 Denke an Zusammensetzungen mit dem Wortbaustein **ent-**.

die **Ent|wick|lung,**
    die Entwicklungen → 1
der **Ent|wurf,** die Entwürfe
    ent|zü|ckend → 1
die **Ent|zün|dung** – entzünden ⭐
    ent|zwei
    er
    er
das **Er|be**
    er|ben, du erbst
die **Erb|se,** die Erbsen
das **Erd|be|ben** – beben
die **Er|de**
    er|dros|seln → 8
sich **er|eig|nen,** es ereignet sich
das **Er|eig|nis,** die Ereignisse ⭐
die **Er|fah|rung** – erfahren → 12 ⭐
die **Er|fin|dung** – erfinden ⭐
der **Er|folg,** die Erfolge → 23
    er|folg|reich
    er|for|der|lich
    er|freu|lich → 18
    er|freut → 18
die **Er|fri|schung** – erfrischen ⭐
    er|gän|zen, du ergänzt → 19
das **Er|geb|nis,** die Ergebnisse ⭐
    er|hol|sam
die **Er|ho|lung** – sich erholen ⭐
sich **er|in|nern,**
    du erinnerst dich → 5
die **Er|in|ne|rung** – sich erinnern → 5

sich **er|käl|ten,**
    du erkältest dich → 19
die **Er|käl|tung** – sich erkälten → 19 ⭐
  er **er|kann|te** – erkennen → 5
    er|ken|nen, du erkennst,
    er erkannte → 5
    er|klä|ren, du erklärst → 19
die **Er|klä|rung** – erklären → 19 ⭐
sich **er|kun|di|gen,**
    du erkundigst dich
    er|lau|ben, du erlaubst
die **Er|laub|nis** – erlauben ⭐
    er|le|ben, du erlebst
das **Er|leb|nis,** die Erlebnisse ⭐
    er|le|di|gen, du erledigst
    er|le|digt
    er|leich|tert
    er|lö|sen, du erlöst
    er|mah|nen, du ermahnst → 12
    er|mä|ßigt, → 19, 16
die **Er|mä|ßi|gung** → 19, 16 ⭐
sich **er|näh|ren,**
    du ernährst dich → 19
die **Er|näh|rung** – ernähren → 19 ⭐
    ernst (mit ernster Stimme)
der **Ernst** (mit großem Ernst)
    ernst|haft
die **Ern|te** – ernten
    ern|ten, du erntest
    er|o|bern, du eroberst
    er|presst → 8

⭐ Wörter mit den Nachsilben **-ung** und **-nis** sind Namenwörter. ⭐

die **Er|pres|sung** – erpressen → 8
er|ra|ten, du errätst,
er erriet ✦
er|rei|chen, du erreichst ✦
er **er|riet** – erraten → 11 ✦
der **Er|satz** – ersetzen → 10
er|schöpft
die **Er|schöp|fung**
er **er|schrak** – erschrecken
er|schre|cken, du erschrickst,
er erschrak → 1
du **er|schrickst** – erschrecken → 1
er|schro|cken – erschrecken → 1
er|schüt|ternd → 9
erst
er|star|ren, du erstarrst → 7
er|staunt
ers|tens
er|sti|cken, du erstickst → 1
erst|klas|sig → 8
er|tap|pen, du ertappst → 6
er **er|trank** – ertrinken
er|trin|ken, du ertrinkst,
er ertrank
er|trun|ken – ertrinken
er|wach|sen
der **Er|wach|se|ne,** die Erwachsenen
die **Er|wach|se|ne**
er|wäh|nen, du erwähnst
sich **er|wär|men,**
du erwärmst dich → 19

er|wi|dern, du erwiderst
er|zäh|len, du erzählst
die **Er|zäh|lung** – erzählen
die **Er|zie|hung** – erziehen → 11
es
es
der **E|sel,** die Esel
der **Es|ki|mo,** die Eskimos
ess|bar → 8
das **Es|sen,** die Essen → 8
es|sen, du isst, er aß → 8
der **Es|sig** → 8
der **Ess|löf|fel** – essen → 8, 2
et
die **E|ta|ge,** die Etagen
das **E|ti|kett,** die Etikette[n]
[Etiketts] → 9
das **E|tui,** die Etuis
et|wa
et|was
eu
euch
eu|er
die **Eu|le,** die Eulen → 18
der **Eu|ro,** die Euros (€) → 18
Eu|ro|pa – europäisch → 18
der **Eu|ro|pä|er,** die Europäer → 18
die **Eu|ro|pä|e|rin** → 18
das **Eu|ter,** die Euter → 18
ev
e|van|ge|lisch

 -rr- entsteht durch Zusammensetzen mit dem Wortbaustein **er-**.

das **E|van|ge|li|um,** die Evangelien
e|ven|tu|ell → 3
ew
ewig
die **E|wig|keit**
ex
e|xakt
das **E|xa|men,** die Examen
das **E|xem|plar,** die Exemplare
die **E|xis|tenz** – existieren
e|xo|tisch
die **Ex|pe|di|ti|on,** die Expeditionen
das **Ex|pe|ri|ment** – experimentieren
die **Ex|plo|si|on** – explodieren
ex|por|tie|ren,
es wird exportiert → 11
der **Ex|press** → 8
ext|ra
ext|rem

F

fa
die **Fa|bel,** die Fabeln
fa|bel|haft
die **Fab|rik,** die Fabriken
das **Fach,** die Fächer
die **Fa|ckel,** die Fackeln → 1

fad [fa|de]
der **Fa|den,** die Fäden
fä|hig
die **Fä|hig|keit,** die Fähigkeiten
die **Fahn|dung** – fahnden → 12
die **Fah|ne,** die Fahnen → 12
die **Fäh|re,** die Fähren → 19 ⭐
fah|ren, du fährst, er fuhr → 12 ⭐
der **Fah|rer,** die Fahrer → 12 ⭐
die **Fah|re|rin,** die Fahrerinnen ⭐
das **Fahr|rad,** die Fahrräder → 12 ⭐
du **fährst** – fahren → 19 ⭐
die **Fahrt,** die Fahrten → 12 ⭐
die **Fähr|te,** die Fährten → 19
das **Fahr|zeug** – fahren → 12, 23 ⭐
fair
der **Fak|tor,** die Faktoren
der **Fall,** die Fälle → 3
die **Fal|le,** die Fallen → 3
fal|len, du fällst, er fiel → 3
fäl|lig → 19, 3
falls → 3
du **fällst** – fallen → 19, 3
falsch
fäl|schen, du fälschst → 19
die **Fal|te** – falten
der **Fal|ter,** die Falter
fal|tig
die **Fa|mi|lie,** die Familien
der **Fan,** die Fans
er **fand** – finden → 22

⭐ Denke an den gemeinsamen Wortstamm. ⭐

fa  **fe**

fangen, du fängst, er fing
du fängst – fangen → 19
die Fantasie [Phantasie],
die Fantasien → 11
fantastisch [phantastisch]
die Farbe, die Farben
färben, du färbst → 19
farbig
die Farm, die Farmen
der Fasching
faseln, du faselst
die Faser, die Fasern
das Fass, die Fässer → 8
fassen, du fasst → 8
die Fassung – fassen → 8
fast (fast so groß)
fasten, du fastest
das Fastfood
die Fastnacht
fauchen, du fauchst
faul
faulen, es fault
die Faulheit – faul
der Faulpelz – faulenzen
die Faust, die Fäuste
der Favorit, die Favoriten
das Fax (ein Fax schicken)
die Faxen (Faxen machen)
fe
der Februar
die Feder, die Federn

die Fee, die Feen → 13 ★
felgen, du fegst
fehlen, du fehlst → 13 ★
der Fehler, die Fehler → 13 ★
fehlerlos → 13 ★
die Feier, die Feiern
feierlich
feiern, du feierst
feig [feige]
der Feigling, die Feiglinge
die Feile – feilen
fein
der Feind, die Feinde → 22
feindlich
die Feindschaft,
die Feindschaften
das Feld, die Felder → 22
die Felge, die Felgen
das Fell, die Felle → 3
der Fels [Felsen], die Felsen
felsig
das Fenster, die Fenster
die Ferien
das Ferkel, die Ferkel
fern
die Ferne
das Fernsehen, beim Fernsehen
fernsehen, du siehst fern
der Fernseher, die Fernsehgeräte
die Ferse (Teil des Fußes)
fertig

F

 ★ Diese Wörter enthalten ein Dehnungszeichen. ★

die **Fes|sel,** die Fesseln → 8
fes|seln, du fesselst → 8
fest (fest verschnüren)
das **Fest,** die Feste
fest|lich
fett, am fettesten → 9
das **Fett,** die Fette → 9
fet|tig → 9 ⭐
der **Fet|zen,** die Fetzen → 10
feucht → 18
die **Feuch|tig|keit** → 18
das **Feu|er,** die Feuer → 18
die **Feu|er|wehr** → 18, 13
das **Feu|er|werk** → 18
feu|rig → 18 ⭐
fi
die **Fi|bel,** die Fibeln
die **Fich|te,** die Fichten
das **Fie|ber** – fiebern → 11
fieb|rig → 11 ⭐
er **fiel** – fallen → 11
die **Fi|gur,** die Figuren
der **Film** – filmen
der [das] **Fil|ter,** die Filter
fil|tern, du filterst
der **Filz|schrei|ber**
der **Filz|stift,** die Filzstifte
das **Fi|nanz|amt,** die Finanzämter
fin|den, du findest, er fand
er **fing** – fangen
der **Fin|ger,** die Finger

der **Fink,** die Finken
Finn|land – finnisch → 5
fins|ter
die **Fins|ter|nis**
die **Fir|ma,** die Firmen
die **Fir|mung** – gefirmt werden
der **Fisch,** die Fische
fi|schen, du fischst
fit
fix
fl
flach
die **Flä|che** – flach → 19
fla|ckern, es flackert → 1
die **Flag|ge,** die Flaggen
die **Flam|me,** die Flammen → 4
die **Fla|sche,** die Flaschen
flat|tern, es flattert → 9
der **Flaum** (die Flaumfedern)
die **Flau|te,** die Flauten
flech|ten, du flichtst, er flocht
der **Fleck,** die Flecken → 1
fle|ckig → 1 ⭐
die **Fle|der|maus,** die Fledermäuse
der **Fle|gel,** die Flegel
fle|hen, du flehst
das **Fleisch**
flei|schig ⭐
der **Fleiß** → 16
flei|ßig → 16 ⭐
flen|nen, du flennst → 5

⭐ Wörter mit der Nachsilbe **-ig** sind Eigenschaftswörter. ⭐

fl  **fo**

flet|schen, du fletschst
du **flichtst** – flechten
fli|cken, du flickst
(Reifen flicken) → 1
der **Flie|der** → 11
die **Flie|ge,** die Fliegen → 11
flie|gen, du fliegst, er flog → 11
flie|hen, du fliehst, er floh → 11
die **Flie|se,** die Fliesen → 11
das **Fließ|band,**
 die Fließbänder → 11, 16
flie|ßen, es fließt, es floss → 11, 16
flim|mern, es flimmert → 4
flink
flit|zen, du flitzt → 10
er **flocht** – flechten
die **Flo|cke,** die Flocken → 1
er **flog** – fliegen
der **Floh,** die Flöhe
er **floh** – fliehen
das **Floß,** die Flöße → 16
es **floss** – fließen → 8
die **Flos|se,** die Flossen → 8
die **Flö|te** – flöten
flott, am flottesten → 9
der **Fluch,** die Flüche
flu|chen, du fluchst
die **Flucht** – fliehen ✻
flüch|ten, du flüchtest ✻
flüch|tig ✻
der **Flücht|ling,** die Flüchtlinge ✻

der **Flug,** die Flüge → 23
der **Flü|gel,** die Flügel
flüg|ge
das **Flug|zeug,** die Flugzeuge → 18
flun|kern, du flunkerst
der **Flur,** die Flure
der **Fluss,** die Flüsse → 8
flüs|sig → 8
die **Flüs|sig|keit** → 8
flüs|tern, du flüsterst
die **Flut,** die Fluten

fo
das **Foh|len,** die Fohlen → 14
der **Föhn**
die **Föh|re,** die Föhren
die **Fol|ge,** die Folgen
fol|gen, du folgst
die **Fo|lie,** die Folien
fol|tern
for|dern, du forderst
die **For|de|rung** – fordern
die **Fo|rel|le,** die Forellen → 3
die **Form,** die Formen
for|men, du formst
das **For|mu|lar,** die Formulare
for|mu|lie|ren,
 du formulierst → 11
for|schen, du forschst
der **For|scher,** die Forscher
die **For|sche|rin,** die Forscherinnen
die **For|schung**

F

✻ Diese Wörter bilden eine Wortfamilie. ✻

fö  fr

der **Förs|ter** – das Forstamt
fort ⭐
die **Fort|set|zung** – fortsetzen → 10
das **Fo|to,** die Fotos
der **Fo|to|ap|pa|rat,**
　die Fotoapparate
der **Fo|to|graf,** die Fotografen
die **Fo|to|gra|fie** [Photographie],
　die Fotografien → 11
　fo|to|gra|fie|ren,
　du fotografierst → 11
die **Fo|to|gra|fin,** die Fotografinnen
die **Fo|to|ko|pie,** die Fotokopien → 11
das **Foul,** die Fouls
　fr
der **Frach|ter,** die Frachter
die **Fra|ge,** die Fragen
　fra|gen, du fragst
das **Fra|ge|zei|chen**
　Fran|ken – fränkisch
　fran|kie|ren, du frankierst → 11
　Frank|reich – französisch
der **Fran|zo|se,** die Franzosen
die **Fran|zö|sin,** die Französinnen
das **Fran|zö|sisch**
der **Fraß** → 16
　er **fraß** – fressen → 16
die **Frat|ze,** die Fratzen → 10
die **Frau,** die Frauen
　frech
der **Frech|dachs**

die **Frech|heit,** die Frechheiten
　frei
　frei|hän|dig → 19
die **Frei|heit,** die Freiheiten
　frei|lich
der **Frei|tag,** am Freitag
　frei|tags
　frei|wil|lig → 3
　fremd → 22
der **Frem|de,** die Fremden
　fres|sen, er frisst, er fraß → 8
die **Freu|de** – freudestrahlend → 18
sich **freu|en,** du freust dich → 18
der **Freund,** die Freunde → 18, 22
die **Freun|din,** die Freundinnen
　freund|lich → 18
die **Freund|schaft,**
　die Freundschaften → 18
　freund|schaft|lich → 18
der **Frie|de[n]** → 11
der **Fried|hof,** die Friedhöfe → 11
　fried|lich → 11
　frie|ren, du frierst, er fror → 11
　frisch
der **Fri|seur** [Frisör], die Friseure
die **Fri|seu|se,** die Friseusinnen
　[die Friseurin, die Friseurinnen]
　fri|sie|ren, du frisierst → 11
der **Fri|sör,** die Frisöre → Friseur
　er **frisst** – fressen → 8
die **Frist,** die Fristen

⭐ Denke an Zusammensetzungen mit dem Wortbaustein **fort-**. ⭐

fristlos
die Frisur, die Frisuren
froh
fröhlich
fromm → 4
Fronleichnam
frontal
er fror – frieren
der Frosch, die Frösche
der Frost (Nachtfrost)
frösteln, du fröstelst
frostig
das Frotteehandtuch
die Frucht, die Früchte
fruchtbar
früh ⭐
früher ⭐
frühestens ⭐
das Frühjahr → 12 ⭐
der Frühling ⭐
das Frühstück – frühstücken → 1 ⭐
frühstücken, du frühstückst → 1

fu

der Fuchs, die Füchse
fuchsteufelswild → 18, 22
die Fuge, die Fugen
sich fügen, du fügst dich
fühlen, du fühlst
(sich gut fühlen)
der Fühler, die Fühler (beim Käfer)
er fuhr – fahren → 15

führen, du führst
der Führerschein
füllen, du füllst
(ein Glas füllen) → 3
der Füller, die Füller
(zum Schreiben) → 3
der Fund – finden → 22
fünf, fünfmal
fünfzehn → 13
fünfzig
der Funk
der Funke[n], die Funken
funkeln, es funkelt
funkelnagelneu
funktionieren,
es funktioniert → 11
für
die Furcht – fürchten
furchtbar
sich fürchten, du fürchtest dich
fürchterlich
füreinander
das Fürwort
der Fuß, die Füße → 16
der Fußgänger, die Fußgänger → 16
die Fußgängerin → 16
futsch
das Futter → 9
futtern, du futterst → 9
füttern, du fütterst → 9
das Futur

⭐ Denke an den gemeinsamen Wortstamm. ⭐

G

ga
  er **gab** – geben → 21
die **Ga|bel,** die Gabeln
der **Ga|bel|stap|ler**
  ga|ckern, es gackert → 1
  gaf|fen, du gaffst → 2
der **Gag,** die Gags
  gäh|nen, du gähnst
der **Ga|lopp** – galoppieren → 6
  es **galt** – gelten
der **Game|boy**
  gam|meln, du gammelst → 4
die **Gäm|se,** die Gämsen → 19 ✶
der **Gang,** die Gänge
der **Gangs|ter,** die Gangster
die **Gans,** die Gänse
  ganz
  gar, gar kein, gar nicht
die **Ga|ra|ge,** die Garagen
die **Ga|ran|tie** – garantieren → 11
die **Gar|de|ro|be,** die Garderoben
die **Gar|di|ne,** die Gardinen
  gä|ren, es gärt, es ist gegoren
  gar|nie|ren, du garnierst → 11
  gars|tig
der **Gar|ten,** die Gärten
der **Gärt|ner,** die Gärtner → 19 ✶
die **Gärt|ne|rei** → 19 ✶
die **Gärt|ne|rin,** die Gärtnerinnen ✶
das **Gas,** die Gase
die **Gas|se** – das Gässchen → 8
der **Gast,** die Gäste
die **Gast|stät|te,** die Gaststätten → 9
die **Gau|di**
der **Gaul,** die Gäule
der **Gau|men,** die Gaumen
der **Gau|ner,** die Gauner

geb
das **Ge|bäck** (Plätzchen) → 19, 1 ✶
die **Ge|bär|den|spra|che**
das **Ge|bäu|de,** die Gebäude → 20
das **Ge|bell** – bellen → 3
  ge|ben, du gibst, er gab
das **Ge|bet,** die Gebete
  ge|be|ten – bitten
das **Ge|biet,** die Gebiete → 11
  ge|bil|det
das **Ge|bir|ge,** die Gebirge
  ge|bir|gig
das **Ge|biss,** die Gebisse → 8
  ge|bis|sen – beißen → 8
  ge|blie|ben – bleiben → 11
  ge|bo|gen – biegen
  ge|bo|ren
das **Ge|bot,** die Gebote
  ge|bo|ten – bieten
  ge|bracht – bringen
  ge|brannt – brennen → 5

✶ Denke an das verwandte Wort mit **a**. ✶

gebrauchen, du gebrauchst
die Gebrauchsanweisung
gebraucht
gebrechlich
gebrochen – brechen
die Gebühr, die Gebühren
gebunden – binden
die Geburt, die Geburten
der Geburtstag, die Geburtstage
das Gebüsch
ged
gedacht – denken
das Gedächtnis → 19
der Gedanke, die Gedanken
gedeihen, es gedeiht,
es gedieh
das Gedicht – dichten
das Gedränge – drängen → 19
gedroschen – dreschen
die Geduld → 22
geduldig
gedurft – dürfen
gee
geehrt → 13 ★
geeignet ★
gef
die Gefahr, die Gefahren → 12
gefährlich → 19
gefallen, du gefällst mir,
es gefiel mir → 3
gefällig → 19, 3

gefälligst → 19, 3
du gefällst mir – gefallen → 19, 3
der Gefangene, die Gefangenen
die Gefangene
das Gefängnis,
die Gefängnisse → 19
das Gefäß, die Gefäße → 16
das Gefieder → 11
es gefiel mir – gefallen → 11
geflochten – flechten
geflogen – fliegen
geflohen – fliehen
geflossen – fließen → 8
das Geflügel
gefräßig → 16
die Gefriertruhe – gefrieren → 11
gefroren – frieren
das Gefühl, die Gefühle
gefunden – finden
geg
gegangen – gehen
gegen
die Gegend, die Gegenden → 22
gegeneinander
gegenseitig
der Gegenstand,
die Gegenstände → 22
das Gegenteil
gegenüber
die Gegenwart
geglimmt – glimmen → 4

G

★ -ee- entsteht durch Zusammensetzen mit dem Wortbaustein **ge-**. ★

geglitten – gleiten → 9
der **Gegner,** die Gegner
die **Gegnerin,** die Gegnerinnen
gegolten – gelten
gegoren – gären
gegossen – gießen → 8
gegriffen – greifen → 2
geh
gehabt – haben
das **Gehalt,** die Gehälter
gehangen – hängen
gehässig → 19, 8 ★
das **Gehäuse** → 20
das **Gehege,** die Gehege
geheim
das **Geheimnis,** die Geheimnisse
gehen, du gehst, er ging
geheuer → 18
das **Gehirn**
die **Gehirnerschütterung** → 9
gehoben – heben
geholfen – helfen
das **Gehör** – hören
gehorchen, du gehorchst
gehören, es gehört mir
gehörlos
gehorsam
der **Gehsteig,** die Gehsteige
gei
die **Geige,** die Geigen
geil

die **Geisel,** die Geiseln
die **Geiselnahme** → 12
der **Geist,** die Geister
der **Geistliche,** die Geistlichen
der **Geizhals,** die Geizhälse
geizig
gek
gekannt – kennen → 5
geklungen – klingen
gekniffen – kneifen → 2
gekonnt – können → 5
gel
das **Gelächter** → 19 ★
gelähmt → 19 ★
das **Gelände** → 19 ★
das **Geländer,** die Geländer
es **gelang** – gelingen
gelassen → 8
gelaunt
gelb → 21
das **Geld,** die Gelder → 22
die **Geldbörse,** die Geldbörsen
das **Gelee,** die Gelees → 13
gelegen – liegen
die **Gelegenheit,**
die Gelegenheiten
gelegentlich
gelehrt – lehren → 13
das **Gelenk,** die Gelenke
gelenkig
geliehen – leihen → 11

★ Denke an verwandte Wörter mit **a**. ★

gel  **ger**

    ge|lin|gen, es gelingt, es gelang
    ge|lit|ten – leiden → 9
    ge|lockt → 1
    ge|lo|gen – lügen
    gel|ten, es gilt, es galt
    ge|lun|gen – gelingen
    gem
    ge|mäch|lich
das **Ge|mäl|de,** die Gemälde → 19
    ge|mein
die **Ge|mein|de,** die Gemeinden
der **Ge|mein|de|rat,** die Gemeinderäte
die **Ge|mein|de|rä|tin** → 19
die **Ge|mein|heit** ✹
    ge|mein|sam
die **Ge|mein|schaft** ✹
    ge|mie|den – meiden → 11
    ge|mocht – mögen
    ge|mol|ken – melken
das **Ge|mur|mel** – murmeln
das **Ge|mü|se,** die Gemüse
    ge|musst – müssen → 8
    ge|müt|lich
    gen
    ge|nannt – nennen → 5
    ge|nau
die **Ge|nau|ig|keit** ✹
    ge|neh|mi|gen,
    du genehmigst → 13
die **Ge|neh|mi|gung,**
    die Genehmigungen → 13 ✹

die **Ge|ne|ra|ti|on,** die Generationen
der **Ge|ne|ra|tor,** die Generatoren
das **Ge|nick** → 1
sich **ge|nie|ren,**
    du genierst dich → 11
    ge|nie|ßen, du genießt,
    er genoss → 11, 16
der **Ge|ni|tiv**
    ge|nom|men – nehmen → 4
er **ge|noss** – genießen → 8
    ge|nos|sen – genießen → 8
    ge|nug
    ge|nü|gend – es genügt
der **Ge|nuss,** die Genüsse → 8
    geo
die **Ge|o|met|rie**
    gep
das **Ge|päck** (der Koffer) → 19, 1
    ge|passt – passen → 8
    ge|pfif|fen – pfeifen → 2
    ge|presst – pressen → 8
    geq
    ge|quol|len – quellen → 3
    ger
    ge|ra|de
    ge|ra|de|aus
    ge|rannt – rennen → 5
das **Ge|rät,** die Geräte
    ge|ra|ten, du gerätst, er geriet
du **ge|rätst** – geraten → 19
    ge|räu|mig → 20

G

✹ **-ung, -heit, -keit, -schaft** sind Nachsilben für Namenwörter. ✹

das **Ge|räusch,**
    die Geräusche → 20
    ge|recht
die **Ge|rech|tig|keit** ⭐
das **Ge|richt,** die Gerichte
    ge|rie|ben – reiben → 11
er **ge|riet** – geraten → 11
    ge|ring
das **Ge|rip|pe,** die Gerippe → 6
    ge|ris|sen – reißen → 8
    ge|rit|ten – reiten → 9
    gern [ger|ne]
    ge|ro|chen – riechen
das **Ge|röll** → 3
    ge|ron|nen – rinnen → 5
die **Gers|te**
der **Ge|ruch,** die Gerüche
das **Ge|rücht,** die Gerüchte
das **Ge|rüm|pel**
    ge|run|gen – ringen
das **Ge|rüst,** die Gerüste
    ges
    ge|samt
    ge|sandt – senden
der **Ge|sang** – singen
das **Ge|schäft,** die Geschäfte
    ge|schäft|lich
es **ge|schah** – geschehen
    ge|sche|hen, es geschieht
    ge|scheit
das **Ge|schenk** – schenken

die **Ge|schich|te,** die Geschichten
die **Ge|schick|lich|keit** → 1 ⭐
    ge|schickt → 1
    ge|schie|den – scheiden → 11
es **ge|schieht** – geschehen → 11
    ge|schie|nen – scheinen → 11
das **Ge|schirr,** die Geschirre → 7
das **Ge|schlecht,** die Geschlechter
    ge|schli|chen – schleichen
    ge|schlif|fen – schleifen → 2
    ge|schlos|sen – schließen → 8
der **Ge|schmack** – schmecken → 1
    ge|schmack|los → 1
    ge|schmack|voll → 1, 3
    ge|schmei|dig
    ge|schmol|zen – schmelzen
das **Ge|schnat|ter** – schnattern → 9
    ge|schnit|ten – schneiden → 9
    ge|scho|ben – schieben
    ge|scho|ren – scheren
das **Ge|schoss,** die Geschosse → 8
    ge|schos|sen – schießen → 8
das **Ge|schrei**
    ge|schrie|ben – schreiben → 11
    ge|schrien – schreien
    ge|schrit|ten – schreiten → 9
das **Ge|schwätz** – schwatzen → 19, 10
    ge|schwie|gen – schweigen → 11
    ge|schwind → 22
die **Ge|schwin|dig|keit** ⭐
die **Ge|schwis|ter**

⭐ **-keit** ist eine Nachsilbe für Namenwörter. ⭐

ge|schwol|len – schwellen → 3
ge|schwom|men – schwimmen → 4
ge|schwo|ren – schwören
ge|schwun|gen – schwingen
das **Ge|schwür,** die Geschwüre
ge|se|hen – sehen
der **Ge|sel|le,** die Gesellen → 3
die **Ge|sel|lin** → 3
die **Ge|sell|schaft,** die Gesellschaften → 3 ⭐
ge|sen|det – senden
das **Ge|setz,** die Gesetze → 10
ge|setz|lich → 10
das **Ge|sicht,** die Gesichter
ge|sof|fen – saufen → 2
das **Ge|spenst,** die Gespenster
ge|spens|tisch
ge|spien – speien
ge|spon|nen – spinnen → 5
das **Ge|spräch,** die Gespräche → 19
ge|sprä|chig → 19
ge|spro|chen – sprechen
ge|spros|sen – sprießen → 8
ge|sprun|gen – springen
die **Ge|stalt,** die Gestalten
ge|stal|ten, du gestaltest
ge|stan|den – gestehen
das **Ge|länd|nis** – gestehen → 19 ⭐
der **Ge|stank** – stinken
ge|stat|tet – gestatten → 9

ge|ste|hen, du gestehst, er gestand
das **Ge|stell,** die Gestelle → 3
ges|tern, gestern Mittag
ge|stie|gen – steigen → 11
das **Ge|stö|ber**
ge|sto|chen – stechen
ge|stoh|len – stehlen → 14
ge|stor|ben – sterben
ge|stri|chen – streichen
das **Ge|strüpp** → 6
ge|stun|ken – stinken
ge|sund, gesünder, am gesündesten → 22
ge|sün|der, am gesündesten – gesund
die **Ge|sund|heit** ⭐
ge|sun|gen – singen
ge|sun|ken – sinken
get
ge|tan – tun
das **Ge|tö|se** – tosen
das **Ge|tränk** – trinken → 19
das **Ge|trei|de**
ge|trie|ben – treiben → 11
ge|trof|fen – treffen → 2
ge|trun|ken – trinken
gew
das **Ge|wächs** – wachsen → 19
die **Ge|walt,** die Gewalten
ge|wal|tig

G

⭐ **-schaft, -nis, -heit** sind Nachsilben für Namenwörter. ⭐

gew  **gl**

das **Ge|wand,**
 die Gewänder → 22
 ge|wandt (gewandt klettern) ⭐
 er **ge|wann** – gewinnen → 5
das **Ge|wäs|ser,** die Gewässer → 8
das **Ge|wehr,** die Gewehre → 13
das **Ge|weih,** die Geweihe
 ge|we|sen – sein
das **Ge|wicht,** die Gewichte
das **Ge|wim|mel** → 4
der **Ge|winn,** die Gewinne → 5
 ge|win|nen, du gewinnst,
 er gewann → 5
 ge|wiss → 8
das **Ge|wis|sen** → 8
 ge|wis|sen|haft → 8
das **Ge|wit|ter,** die Gewitter → 9
 ge|wo|gen – wiegen
 ge|wöh|nen, du gewöhnst
die **Ge|wohn|heit,**
 die Gewohnheiten → 14
 ge|wöhn|lich
 ge|wohnt → 14
das **Ge|wöl|be,** die Gewölbe
 ge|wölbt
 ge|wollt – wollen → 3
 ge|won|nen – gewinnen → 5
 ge|wor|ben – werben
 ge|wor|den – werden
 ge|wor|fen – werfen
 ge|wun|den – sich winden

das **Ge|würz,** die Gewürze
 ge|wusst – wissen → 8
gez
 ge|zackt → 1
die **Ge|zei|ten**
 ge|zo|gen – ziehen
 ge|zwun|gen – zwingen
gi
 du **gibst** – geben
der **Gie|bel,** die Giebel → 11
 gie|rig → 11
 gie|ßen, du gießt,
 es goss → 11, 16
das **Gift,** die Gifte
 gif|tig
 es **gilt** – gelten
 er **ging** – gehen
der **Gip|fel,** die Gipfel
der **Gips**
 gip|sen, du gipst
die **Gi|raf|fe,** die Giraffen → 2
die **Gir|lan|de,** die Girlanden
die **Gi|tar|re,** die Gitarren → 7
das **Git|ter,** die Gitter → 9
gl
der **Glanz** – glänzen
 glän|zen, es glänzt → 19
das **Glas,** die Gläser
die **Gla|sur,** die Glasuren
 glatt → 9
die **Glät|te** – glatt → 19, 9

⭐ Es gibt nur wenige Wörter mit **-dt**, z.B.: Stadt, verwandt. ⭐

gl  **gr**

die **Glat|ze,** die Glatzen → 10
der **Glau|be** – glauben
   glau|ben, du glaubst
   gläu|big → 20
   gleich
das **Gleich|ge|wicht**
   gleich|mä|ßig → 19 16
   gleich|zei|tig
das **Gleis,** die G[e]leise
   glei|ten, du gleitest, er glitt
   (über das Eis gleiten)
der **Glet|scher,** die Gletscher
das **Glied,** die Glieder → 11, 22 ★
   glie|dern, du gliederst → 11
   glim|men, es glimmt,
   es glomm → 4
   glimpf|lich
   glit|schig
 er **glitt** – gleiten → 9
   glit|zern, es glitzert → 10
der **Glo|bus,** die Globusse [Globen]
die **Glo|cke,** die Glocken → 1
 es **glomm** – glimmen → 4
   glot|zen, du glotzt → 10
das **Glück** → 1
   glu|ckern, es gluckert → 1
   glück|lich → 1
der **Glück|wunsch,**
   die Glückwünsche → 1
   glü|hen, es glüht
die **Glut,** die Gluten

gn
die **Gna|de**
   gnä|dig → 19
go
der **Go|ckel,** die Gockel → 1
das **Gold** – golden → 22 ★
die **Gon|del,** die Gondeln
der **Gong,** die Gongs
   gön|nen, du gönnst → 5
der **Go|ril|la,** die Gorillas → 3
 es **goss** – gießen → 8
der **Gott,** die Götter → 9
gr
das **Grab,** die Gräber → 21 ★
der **Gra|ben,** die Gräben
   gra|ben, du gräbst, er grub
 du **gräbst** – graben → 19
der **Grad,** die Grade
   (unter null Grad) → 22 ★
das **Gramm** → 4
die **Gram|ma|tik** → 4
die **Gran|ne,** die Grannen → 5
   gran|tig
die **Grape|fruit,** die Grapefruits
das **Gras,** die Gräser
   gräss|lich → 8
der **Grat** (Berggrat)
die **Grä|te,** die Gräten
   gra|tis
   gra|tu|lie|ren,
   du gratulierst → 11

G

★ Beim Verlängern hörst du **-d** oder **-b** deutlich. ★

grau	die **Grö|ße** – groß → 16
sich **grau|en,** es graut mir	die **Groß|el|tern** → 16
grau|en|haft	**grö|ßer,** am größten –
gräu|lich → 20	groß → 16
grau|sam	er **grub** – graben → 21
grau|sen, es graust mir [mich]	die **Gru|be,** die Gruben
grau|sig	**grü|beln,** du grübelst
grei|fen, du greifst, er griff	**grün**
der **Greis** (sehr alter Mann)	der **Grund,** die Gründe → 22 ★
die **Grei|sin** (sehr alte Frau)	**grün|den,** du gründest ★
grell → 3	**gründ|lich** ★
die **Gren|ze,** die Grenzen	der **Grund|riss,** die Grundrisse → 8 ★
Grie|chen|land, griechisch → 11	**grund|sätz|lich** → 19, 10 ★
der **Grieß|brei** → 11, 16	die **Grund|schu|le** ★
der **Griff,** die Griffe → 2	**grun|zen,** du grunzt
er **griff** – greifen → 2	die **Grup|pe,** die Gruppen → 6
der **Grill** – grillen → 3	**gru|se|lig**
die **Gril|le,** die Grillen → 3	sich **gru|seln,** es gruselt mich
gril|len, du grillst → 3	der **Gruß,** die Grüße → 16
die **Gri|mas|se,** die Grimassen → 8	**grü|ßen,** du grüßt → 16
grim|mig → 4	**gu**
grin|sen, du grinst	**gu|cken,** du guckst → 1
die **Grip|pe** (Darmgrippe) → 6	das [der] **Gu|lasch**
grob, gröber,	die **Gül|le** → 3
am gröbsten → 21	**gül|tig**
grö|ber, am gröbsten – grob	der [das] **Gum|mi,** die Gummis → 4
grö|len, du grölst	der **Gum|mi|twist** → 4
grol|len, du grollst mir → 3	**güns|tig**
der **Gro|schen,** die Groschen	**gur|geln,** du gurgelst
groß, größer, am größten → 16	die **Gur|ke,** die Gurken
Groß|bri|tan|ni|en – britisch	**gur|ren** (die Taube gurrt) → 7

★ Denke an den gemeinsamen Wortstamm. ★

gu  **ha**

der **Gurt,** die Gurte
der **Gür|tel,** die Gürtel
der **Guss,** die Güsse
    (Regenguss) → 8
    gut, besser, am besten
das **Gut,** die Güter
das **Gu|te,** alles Gute
der **Gü|ter|bahn|hof** → 12
    gut|mü|tig

gy

das **Gym|na|si|um,** die Gymnasien
die **Gym|nas|tik**

H

ha

das **Haar,** die Haare → 12
    haa|rig → 12
    ha|ben, du hast, er hatte
    hab|gie|rig → 11
der **Ha|bicht,** die Habichte
die **Hach|se** → Haxe
die **Ha|cke,** die Hacken → 1
    ha|cken, du hackst → 1
der **Ha|fen,** die Häfen
der **Ha|fer**
die **Haft**
    haf|ten, es haftet

der **Häft|ling,** die Häftlinge → 19
die **Ha|ge|but|te,**
    die Hagebutten → 9
der **Ha|gel** – hageln
    ha|geln, es hagelt
der **Hahn,** die Hähne → 12
der **Hai,** die Haie → 17
    hä|keln, du häkelst → 19
der **Ha|ken,** die Haken
    halb → 21
    hal|bie|ren, du halbierst → 11
er **half** – helfen
die **Hälf|te,** die Hälften
die **Hal|le,** die Hallen → 3
    hal|lo → 3
der **Halm,** die Halme
die **Ha|lo|gen|lam|pe**
der **Hals,** die Hälse ✶
    Halt machen
    halt|bar
    hal|ten, du hältst, er hielt
du **hältst** – halten → 19
die **Hal|tung**
    Ham|burg – hamburgisch
der **Ham|bur|ger,** die Hamburger
    hä|misch
der **Ham|mel,** die Hammel → 4
der **Ham|mer,** die Hämmer → 4
    häm|mern, du hämmerst → 19, 4
der **Ham|pel|mann**
    ham|peln, du hampelst

G
H

✶ Nur wenige Wörter enden mit **-ls,** z.B.: als, damals, jemals, niemals. ✶

ha  **ha**

der **Ham|ster,** die Hamster
ham|stern, du hamsterst
die **Hand,** die Hände → 22
der **Han|del** – handeln
han|deln, du handelst
der **Händ|ler,** die Händler → 19 ★
die **Händ|le|rin** → 19 ★
die **Hand|lung,** die Handlungen
der **Hand|wer|ker,**
die Handwerker
das **Han|dy,** die Handys
der **Hang,** die Hänge
hän|gen, du hängst,
er hing [hängte] ★
du **hängst** – hängen ★
hän|seln, du hänselst
han|tie|ren, du hantierst → 11
der **Hap|pen,** die Happen → 6
hap|py (happy sein)
das **Här|chen,** die Härchen ★
die **Hard|ware**
die **Har|ke** – harken
harm|los
die **Har|pu|ne,** die Harpunen
hart, härter, am härtesten
die **Här|te** – hart → 19 ★
här|ter, am härtesten –
hart → 19 ★
hart|nä|ckig → 19, 1 ★
das **Harz,** die Harze
har|zig

ha|schen, du haschst
der **Ha|se,** die Hasen
die **Ha|sel|nuss,**
die Haselnüsse → 8
der **Hass** – hassen → 8
has|sen, du hasst → 8
häss|lich → 8 ★
du **hast** – haben
has|ten, du hastest
has|tig – die Hast
er **hat** – haben
er **hat|te** – haben → 9
der **Hauch** – hauchen
hau|chen, du hauchst
hau|en, du haust
der **Hau|fen,** die Haufen
häu|fig → 20 ★
das **Haupt,** die Häupter
der **Häupt|ling,**
die Häuptlinge → 20 ★
die **Haupt|sa|che,**
die Hauptsachen
die **Haupt|schu|le**
das **Haus,** die Häuser
der **Haus|ar|rest**
nach **Hau|se,** zu Hause sein
hau|sen, du haust
der **Haus|halt,** die Haushalte
hau|sie|ren → 11
die **Haut,** die Häute
die **Ha|xe** [Hachse], die Haxen

★ Denke an verwandte Wörter mit **a** oder **au**. ★

he  her

he
der **He|bel,** die Hebel
he|ben, du hebst, er hob
der **Hecht,** die Hechte
hech|ten, du hechtest
das **Heck,** die Hecks → 1
die **He|cke,** die Hecken → 1
das **Heer,** die Heere → 13
die **He|fe**
das **Heft,** die Hefte
hef|tig
das **Heft|pflas|ter**
hei
die **Hei|de** (das Heidekraut)
der **Hei|de,** die Heiden (Nichtchrist)
die **Hei|del|bee|re** → 13
hei|kel
heil
hei|len, es heilt
hei|lig
heil|los
heil|sam
heim (heimgehen)
das **Heim,** die Heime
die **Hei|mat**
heim|lich
heim|wärts
das **Heim|weh**
die **Hei|rat,** die Heiraten
hei|ra|ten, du heiratest
hei|ser

die **Hei|ser|keit**
heiß – am heißesten → 16
hei|ßen, du heißt, er hieß → 16
hei|ter
hei|zen, du heizt
die **Hei|zung,** die Heizungen
hel
der **Held,** die Helden → 22
die **Hel|din,** die Heldinnen
hel|fen, du hilfst, er half
hell → 3
die **Hel|lig|keit** → 3
der **Helm,** die Helme
hem
das **Hemd,** die Hemden → 22
die **Hem|mung** – hemmen → 4
hen
der **Hengst,** die Hengste
der **Hen|kel,** die Henkel
die **Hen|ne,** die Hennen → 5
her
her
he|rab ★
he|rauf ★
he|raus ★
herb → 21
her|bei
die **Her|ber|ge,** die Herbergen
der **Herbst**
herbst|lich
der **Herd,** die Herde (Elektroherd)

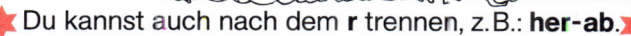
★ Du kannst auch nach dem **r** trennen, z.B.: **her-ab.** ★

her  **hi**

die **Her|de,** die Herden
(Schafherde)
he|rein ⭐
der **He|ring,** die Heringe
der **Herr,** die Herren → 7
die **Her|rin,** die Herrinnen → 7
herr|lich → 7
herr|schen, du herrschst → 7
he|rü|ber ⭐
he|rum ⭐
he|run|ter ⭐
her|vor
her|vor|ra|gend
das **Herz,** die Herzen
herz|lich
hes
Hes|sen, hessisch → 8
het
die **Het|ze** → 10
het|zen, du hetzt → 10
heu
das **Heu** → 18
heu|cheln, du heuchelst → 18
heu|er → 18
heu|len, du heulst → 18
die **Heu|schre|cke,**
die Heuschrecken → 18, 1
heu|te, heute Abend → 21
hex
die **He|xe,** die Hexen
he|xen, du hext

hi
der **Hieb,** die Hiebe → 11, 21
er **hielt** – halten → 11
hier → 11
hier|her → 11
er **hieß** – heißen → 11, 16
die **Hil|fe,** die Hilfen
hilf|los
hilfs|be|reit
du **hilfst** – helfen
die **Him|bee|re,**
die Himbeeren → 13
der **Him|mel** → 4
himm|lisch → 4
hin
hi|nab ⭐
hi|nauf ⭐
hi|naus ⭐
das **Hin|der|nis,** die Hindernisse
hi|nein ⭐
er **hing** – hängen
hin|ken, du hinkst
hin|ten
hin|ter
hin|ter|ein|an|der ⭐
der **Hin|ter|grund,**
die Hintergründe → 22
der **Hin|ter|halt,** die Hinterhalte
hin|ter|häl|tig → 19
hin|ter|her
hin|ter|lis|tig

⭐ Du kannst diese Wörter auch anders trennen, z.B.: **her-ein, hin-ab.** ⭐

der **Hin|tern,** die Hintern
hin|ter|rücks → 1
hi|nü|ber
der **Hin|weis** – hinweisen
das **Hirn,** die Hirne
der **Hirsch,** die Hirsche
der **Hirt [Hir|te],** die Hirten
der **Hit,** die Hits
die **Hit|pa|ra|de**
die **Hit|ze** → 10
hit|ze|frei → 10
ho
er **hob** – heben → 21
das **Hob|by,** die Hobbys ⭐
der **Ho|bel,** die Hobel
ho|beln, du hobelst
hoch, höher, am höchsten
höchs|tens
die **Hoch|zeit,** die Hochzeiten
die **Ho|cke,** die Hocken → 1
ho|cken, du hockst → 1
der **Ho|cker,** die Hocker → 1
der **Ho|den,** die Hoden
der **Hof,** die Höfe
hof|fen, du hoffst → 2
hof|fent|lich → 2
die **Hoff|nung,** die Hoffnungen → 2
höf|lich
die **Höf|lich|keit**
die **Hö|he** – hoch
hö|her, am höchsten – hoch

hohl → 14
die **Höh|le** (Tropfsteinhöhle)
der **Hohn** → 14
höh|nisch
der **Ho|kus|po|kus**
ho|len, du holst
Hol|land – holländisch → 3
die **Höl|le** (Himmel und Hölle) → 3
höl|lisch → 3
hol|pe|rig [holp|rig]
das **Holz,** die Hölzer
höl|zern
der **Ho|nig**
der **Hop|fen**
hopp → 6
hop|peln, du hoppelst → 6
hopp|la → 6
hop|sen, du hopst
hör|bar
hor|chen, du horchst
hö|ren, du hörst
der **Hö|rer** – hören
die **Hö|re|rin,** die Hörerinnen
der **Ho|ri|zont**
das **Horn,** die Hörner
das **Hörn|chen,** die Hörnchen
die **Hor|nis|se,** die Hornissen → 8
der **Hort,** die Horte
die **Ho|se,** die Hosen
das **Hos|pi|tal,** die Hospitäler
die **Hos|tie,** die Hostien

H

⭐ Es gibt nur wenige Wörter mit **-bb-**, z. B.: Ebbe, Robbe. ⭐

ho   **im**

das **Ho|tel,** die Hotels
hu
hübsch
der **Hub|schrau|ber,**
die Hubschrauber
hu|cke|pack → 1
der **Huf,** die Hufe
die **Hüf|te,** die Hüften
der **Hü|gel,** die Hügel
hü|ge|lig [hüg|lig]
das **Huhn,** die Hühner → 15
die **Hül|le,** die Hüllen → 3
die **Hül|se,** die Hülsen
die **Hum|mel,** die Hummeln → 4
der **Hu|mor**
hum|peln, du humpelst
der **Hu|mus** (die Humuserde)
der **Hund,** die Hunde → 22
hun|dert, einhundert
der **Hun|ger** ✶
hun|gern, du hungerst ✶
hung|rig ✶
die **Hu|pe,** die Hupen
hu|pen, du hupst
hüp|fen, du hüpfst
die **Hür|de,** die Hürden
hur|ra → 7
hu|schen, du huschst
der **Hus|ten**
hus|ten, du hustest
der **Hut,** die Hüte (Sonnenhut)

hü|ten, du hütest
die **Hüt|te** (Hundehütte) → 9
hy
der **Hyd|rant,** die Hydranten
die **Hy|gie|ne**
hy|gie|nisch

I

i
der **IC,** die ICs (**I**nter**c**ity)
der **ICE,** die ICEs (**I**nter**c**ity**e**xpress)
ich
i|de|al
die **I|dee,** die Ideen → 13
der **I|di|ot,** die Idioten
der **I|gel,** die Igel
das **Ig|lu,** die Iglus
ihm (ihm zuhören)
ihn (ihn loben)
ihr, ihre
die **Il|lust|rier|te,**
die Illustrierten → 3, 11
im
im (im Haus)
der **Im|biss,** die Imbisse → 8
der **Im|ker,** die Imker
die **Im|ke|rin**

✶Denke an den gemeinsamen Wortstamm.✶

immer (immer wieder) → 4
das **Imperfekt**
impfen, du wirst geimpft
die **Impfung,** die Impfungen
imponieren,
du imponierst mir → 11
in
in (in der Schule)
indem
indessen → 8
der **Indianer,** die Indianer
die **Indianerin,** die Indianerinnen
die **Industrie,** die Industrien
ineinander
die **Infektion,** die Infektionen
der **Infinitiv,** die Infinitive
die **Information** – informieren
der **Ingenieur,** die Ingenieure
die **Ingenieurin**
der **Inhaber,** die Inhaber
die **Inhaberin,** die Inhaberinnen
der **Inhalt,** die Inhalte
die **Inliner** (Inlineskates)
innen (innen und außen) → 5
innerhalb → 5
innerlich → 5
innig → 5
ins
das **Insekt,** die Insekten
die **Insel,** die Inseln
das **Inserat,** die Inserate

insgesamt
der **Inspektor,** die Inspektoren
die **Inspektorin**
der **Installateur,**
die Installateure → 3
installieren,
du installierst → 3, 11
der **Instinkt,** die Instinkte
das **Instrument,** die Instrumente
intelligent → 3
die **Intelligenz** → 3
intensiv
interessant → 8 ✹
das **Interesse,** die Interessen → 8 ✹
sich **interessieren,**
du interessierst dich → 8, 11 ✹
das **Internat,** die Internate
international
das **Internet**
das **Interview** – interviewen
inzwischen
ir
irgendetwas
irgendjemand, irgendwer
irgendwie
irgendwo
Irland – irisch
ironisch – die Ironie
irren, du irrst → 7
der **Irrtum,** die Irrtümer → 7
irrtümlich → 7

✹ Du kannst auch nach **inter-** trennen. ✹

is

- der **Is|lam** – islamisch
- das **I|so|lier|band** – isolieren → 11, 22
- du **isst** – essen → 8
- es **ist,** es war – sein

it

- **I|ta|li|en** – italienisch

J

ja
- **ja**
- die **Jacht** [Yacht], die Jachten ✳
- die **Ja|cke,** die Jacken → 1
- die **Jagd,** die Jagden → 22
- **ja|gen,** du jagst
- der **Jä|ger** – jagen → 19
- das **Jahr,** die Jahre → 12
- das **Jahr|hun|dert** → 12
- **jähr|lich** → 19
- **jäh|zor|nig**
- die **Ja|lou|sie,** die Jalousien ✳
- der **Jam|mer** → 4
- **jäm|mer|lich** → 19, 4
- **jam|mern,** du jammerst → 4
- der **Ja|nu|ar**
- **Ja|pan** – japanisch
- **jap|sen,** du japst

- **jä|ten,** du jätest
- die **Jau|che**
- **jauch|zen,** du jauchzt
- **jau|len,** du jaulst
- **ja|wohl** → 14
- der **Jazz** (die Jazzmusik) ✳

je
- **je**
- die **Jeans** ✳
- **je|de,** jeder, jedes
- **je|den|falls** → 3
- **je|doch**
- der **Jeep,** die Jeeps ✳
- **je|mals**
- **je|mand** → 22
- **je|ne,** jener, jenes
- **jen|seits**
- **Je|sus**
- **jetzt** → 10
- **je|weils**

jo
- der **Job,** die Jobs ✳
- **job|ben,** du jobbst ✳
- das **Jod**
- der **Jod|ler** – jodeln
- die **Jod|le|rin**
- der [das] **Jo|ga** [Yo|ga] ✳
- **jog|gen,** du joggst ✳
- der [das] **Jo|ghurt** [Jogurt] ✳
  die Joghurts
- die **Jo|han|nis|bee|re** → 5, 13

✳ Dies sind Wörter aus anderen Sprachen. ✳

joh|len, du johlst → 14
der **Jo|ker,** die Joker
jong|lie|ren, du jonglierst → 11
ju
der **Ju|bel**
ju|beln, du jubelst
das **Ju|bi|lä|um,** die Jubiläen
juch|zen, du juchzt
ju|cken, es juckt → 1
der **Ju|de,** die Juden
die **Jü|din,** die Jüdinnen
jü|disch
das **Ju|do**
die **Ju|gend**
die **Ju|gend|her|ber|ge**
ju|gend|lich ✶
der **Ju|li**
jung, jünger, am jüngsten
das **Jun|ge** (Tierkind)
der **Jun|ge,** die Jungen
jün|ger, am jüngsten – jung
der **Jung|ge|sel|le** → 3
die **Jung|ge|sel|lin** → 3
der **Ju|ni**
der **Ju|ni|or,** die Junioren
die **Ju|ni|o|rin,** die Juniorinnen
die **Ju|ry**
das **Ju|wel,** die Juwelen
der **Ju|we|lier** → 11
der **Jux**

K

ka

sich **kab|beln,** du kabbelst dich (zanken)
das **Ka|bel,** die Kabel
die **Ka|bi|ne,** die Kabinen
das **Kab|rio** [Cabrio]
die **Ka|chel,** die Kacheln
der **Kä|fer,** die Käfer
der **Kaf|fee** → 2, 13
der **Kä|fig,** die Käfige → 23
kahl → 12
der **Kahn,** die Kähne → 12
der **Kai [Quai]** (die Kaimauer) → 17
der **Kai|ser,** die Kaiser → 17
die **Kai|se|rin,** die Kaiserinnen → 17
der **Kai|ser|schmar|ren** → 17, 7
der **Ka|jak,** die Kajaks
der **Ka|kao** (die Kakaobohnen)
der **Kak|tus** [die Kaktee], die Kakteen
das **Kalb,** die Kälber → 21
der **Ka|len|der,** die Kalender
der **Kalk**
die **Ka|lo|rie,** die Kalorien
kalt, kälter, am kältesten
die **Käl|te** – kalt → 19
käl|ter, am kältesten – kalt → 19

J
K

✶ **-lich** ist eine Nachsilbe für Eigenschaftswörter. ✶

kam
er **kam** – kommen
das **Kamel,** die Kamele
die **Kamera,** die Kameras
die **Kameradschaft**
der **Kamillentee** → 3, 13
der **Kamin,** die Kamine
der **Kamm,** die Kämme → 4
sich **kämmen,**
    du kämmst dich → 19, 4 ✱
die **Kammer,** die Kammern → 4
der **Kampf,** die Kämpfe
    kämpfen, du kämpfst → 19 ✱

kan
der **Kanal,** die Kanäle
die **Kanalisation** – kanalisieren
der **Kanarienvogel,**
    die Kanarienvögel
der **Kandidat,** die Kandidaten
die **Kandidatin**
das **Känguru,** die Kängurus
das **Kaninchen,** die Kaninchen
der **Kanister,** die Kanister
ich **kann** – können → 5
die **Kanne,** die Kannen → 5
du **kannst** – können → 5
er **kannte** – kennen → 5
der **Kanon,** die Kanons
die **Kanone,** die Kanonen
die **Kante** (Tischkante)
    kantig

die **Kantine,** die Kantinen
das **Kanu,** die Kanus
die **Kanzel,** die Kanzeln
der **Kanzler**
die **Kanzlerin**

kap
die **Kapelle,** die Kapellen → 3
kapieren, du kapierst → 11
der **Kapitän,** die Kapitäne
das **Kapitel,** die Kapitel
der **Kaplan,** die Kapläne
die **Kappe,** die Kappen → 6
die **Kapsel,** die Kapseln
kaputt → 9
die **Kapuze,** die Kapuzen

kar
das **Karate**
die **Karawane,** die Karawanen
der **Kardinal,** die Kardinäle
der **Karfreitag**
kariert → 11
die **Karies**
der **Karneval**
das **Karnickel,** die Karnickel → 1
das **Karo,** die Karos
die **Karosserie,**
    die Karosserien
die **Karotte,** die Karotten → 9
der **Karpfen,** die Karpfen
die **Karre,** die Karren → 7
die **Karte,** die Karten

✱ Denke an das verwandte Wort mit **a**. ✱

kar   ken

die **Kar|tei,** die Karteien
die **Kar|tof|fel,** die Kartoffeln → 2
der **Kar|ton,** die Kartons
das **Ka|rus|sell,** die Karussells → 8, 3
    kas
der **Kä|se**
die **Ka|ser|ne,** die Kasernen
der **Kas|per** [der Kasperl]
die **Kas|se** (Klassenkasse) → 8
die **Kas|set|te,** die Kassetten
    (der Kassettenrekorder) → 9
kas|sie|ren, du kassierst → 8, 11
die **Kas|ta|nie,** die Kastanien
der **Kas|ten,** die Kästen
    kat
der **Ka|ta|log,** die Kataloge
die **Ka|ta|stro|phe** – katastrophal
der **Ka|ter,** die Kater
ka|tho|lisch – der Katholik
die **Kat|ze,** die Katzen → 10
    kau
das **Kau|der|welsch**
kau|en, du kaust
kau|ern, du kauerst
der **Kauf,** die Käufe ✶
kau|fen, du kaufst ✶
der **Käu|fer,** die Käufer → 20 ✶
die **Käu|fe|rin,**
    die Käuferinnen → 20 ✶
der **Kau|gum|mi,**
    die Kaugummis → 4

die **Kaul|quap|pe,**
    die Kaulquappen → 6
kaum
der **Kauz,** die Käuze
    ke
der **Ke|gel,** die Kegel
ke|geln, du kegelst
die **Keh|le** (der Kehlkopf) → 13
keh|ren, du kehrst → 13
kei|fen, du keifst
der **Keil,** die Keile
die **Kei|le|rei** – sich keilen
der **Keim,** die Keime
kei|men, es keimt
der **Keim|ling,** die Keimlinge
kein
kei|ne, keiner, keines
kei|nes|falls → 3
kei|nes|wegs
der [das] **Keks,** die Kekse
der **Kelch,** die Kelche
die **Kel|le** (Schöpfkelle) → 3
der **Kel|ler,** die Keller → 3
der **Kell|ner,** die Kellner → 3
die **Kell|ne|rin,** die Kellnerinnen → 3
ken|nen, du kennst,
    er kannte → 5
das **Kenn|zei|chen** → 5
kenn|zeich|nen,
    du kennzeichnest → 5
ken|tern, du kenterst

K

✶ Denke an den gemeinsamen Wortstamm. ✶

die **Ke|ra|mik**
die **Ker|be** – einkerben
der **Kerl,** die Kerle
der **Kern,** die Kerne
die **Ker|ze,** die Kerzen
    ker|zen|ge|ra|de
der **Kes|sel,** die Kessel → 8
der [das] **Ket|schup** [Ketchup]
die **Ket|te,** die Ketten → 9
    keu|chen, du keuchst → 18
der **Keuch|hus|ten** → 18
die **Keu|le,** die Keulen → 18
das **Key|board**
    ki
    ki|chern, du kicherst
der **Kid|nap|per** – kidnappen
der **Kie|fer,** die Kiefer
    (Oberkiefer) → 11
die **Kie|fer,** die Kiefern
    (der Nadelbaum) → 11
der **Kiel,** die Kiele → 11
die **Kie|me,** die Kiemen → 11
der **Kies** → 11
der **Kie|sel,** die Kiesel → 11
das **Ki|lo|gramm** → 4
der **Ki|lo|me|ter,** die Kilometer
der **Ki|lo|me|ter|zäh|ler** → 19
das **Kind,** die Kinder → 22 ✶
    kin|disch ✶
    kind|lich ✶
das **Kinn** (der Kinnhaken) → 5

das **Ki|no,** die Kinos
der **Ki|osk,** die Kioske
    kip|pen, du kippst → 6
die **Kir|che,** die Kirchen
    (Dorfkirche)
die **Kirch|weih**
die **Kir|mes**
die **Kir|sche** (Sauerkirsche)
das **Kis|sen,** die Kissen → 8
die **Kis|te,** die Kisten
    kit|schig – der Kitsch
der **Kitt** – kitten → 9
der **Kit|tel,** die Kittel → 9
das **Kitz,** die Kitze → 10
    kit|ze|lig [kitz|lig] → 10
    kit|zeln, du kitzelst → 10
    kla
    kläf|fen, er kläfft → 2
die **Kla|ge** – klagen
    kla|gen, du klagst
    kläg|lich → 19
die **Klamm** (Schlucht) → 4
    klamm (klamme Finger) → 4
die **Klam|mer,** die Klammern → 4
sich **klam|mern,**
    du klammerst dich → 4
die **Kla|mot|ten** → 9
der **Klang,** die Klänge
    es **klang** – klingen
die **Klap|pe,** die Klappen → 6
    klap|pen, es klappt → 6

✶ Denke an den gemeinsamen Wortstamm. ✶

klap|pe|rig [klapp|rig] → 6
klap|pern, du klapperst → 6
der **Klaps,** die Klapse
klar
die **Klär|an|la|ge** – klären → 19
klä|ren, du klärst → 19
die **Klas|se,** die Klassen → 8
der **Klatsch**
klat|schen, du klatschst
klau|ben, du klaubst (aufheben)
klau|en, du klaust
das **Kla|vier,** die Klaviere → 11
kle
kle|ben, du klebst
kleb|rig
der **Kleb|stoff,** die Klebstoffe → 2
kle|ckern, du kleckerst → 1
der **Klecks,** die Kleckse → 1
kleck|sen, du kleckst → 1
der **Klee** → 13
das **Kleid,** die Kleider → 22
die **Klei|dung** – kleiden ✸
klein
die **Klei|nig|keit,** die Kleinigkeiten ✸
klein|lich
der **Kleis|ter** – kleistern
die **Klem|me** → 4
klem|men, es klemmt → 4
der **Klemp|ner,** die Klempner
die **Klet|te,** die Kletten → 9

klet|tern, du kletterst → 9
der **Klett|ver|schluss** → 9, 8
kli
das **Kli|ma**
der **Klimm|zug** → 4
klim|pern, du klimperst
die **Klin|ge,** die Klingen
die **Klin|gel,** die Klingeln
klin|geln, du klingelst
klin|gen, es klingt, es klang
die **Kli|nik,** die Kliniken
die **Klin|ke,** die Klinken
der **Klipp** [Clip], die Klipps
der **Klips,** die Klipse
klir|ren, es klirrt → 7
klo
das **Klo,** die Klos
klö|nen, du klönst
klop|fen, du klopfst
der **Klops,** die Klopse
der **Kloß,** die Klöße → 16
das **Klos|ter,** die Klöster
der **Klotz,** die Klötze → 10
klu
der **Klub** [Club], die Klubs
klug, klüger, am klügsten → 23
klü|ger, am klügsten – klug
die **Klug|heit** ✸
der **Klum|pen,** die Klumpen
kn
knab|bern, du knabberst

K

✸ **-ung, -heit, -keit** sind Nachsilben für Namenwörter. ✸

der **Kna|be**, die Knaben
das **Knä|cke|brot** → 1
    kna|cken, du knackst → 1
der **Knacks** → 1
der **Knall** → 3
    knal|len, es knallt → 3
    knapp → 6
    knar|ren, es knarrt → 7
der **Knatsch**
    knat|tern, es knattert → 9
das [der] **Knäu|el**, die Knäuel → 20
    knau|se|rig [knaus|rig] ⭐
    knau|sern, du knauserst
der **Knecht**, die Knechte
    knei|fen, du kneifst, er kniff
die **Knei|pe**, die Kneipen
    kne|ten, du knetest
der **Knet|gum|mi** → 4
der **Knick**, die Knicke → 1
    kni|cken, du knickst → 1
    kni|cke|rig [knick|rig] → 1 ⭐
der **Knicks**, die Knickse → 1
das **Knie**, die Knie
    knien, du kniest
der **Kniff** (Trick) → 2
  er **kniff** – kneifen → 2
    knif|fe|lig [kniff|lig] → 2 ⭐
    knip|sen, du knipst
der **Knirps**, die Knirpse
    knir|schen, du knirschst
    knis|tern, es knistert

    knit|tern, es knittert → 9
    kno|beln, du knobelst
der **Knob|lauch**
der **Knö|chel**, die Knöchel
der **Kno|chen**, die Knochen
der **Knö|del**, die Knödel
die **Knol|le**, die Knollen → 3
der **Knopf**, die Knöpfe
    knöp|fen, du knöpfst
der **Knor|pel**, die Knorpel
    knor|pe|lig [knorp|lig] ⭐
    knor|rig [knor|zig] → 7 ⭐
die **Knos|pe**, die Knospen
der **Kno|ten**, die Knoten
    kno|ten, du knotest
    knül|len, du knüllst → 3
    knüp|fen, du knüpfst
der **Knüp|pel**, die Knüppel → 6
    knur|ren, du knurrst → 7
    knus|pe|rig [knusp|rig] ⭐
ko
k. o.
der **Ko|bold**, die Kobolde → 22
der **Koch**, die Köche
    ko|chen, du kochst
der **Ko|cher** (Campingkocher)
die **Kö|chin**, die Köchinnen
der **Kö|der** – ködern
der **Kof|fer**, die Koffer → 2
der **Kohl** → 14
die **Koh|le**, die Kohlen → 14

⭐ **-ig** ist eine Nachsilbe für Eigenschaftswörter. ⭐

die **Ko|kos|nuss,**
die Kokosnüsse → 8
der **Koks**
der **Kol|ben,** die Kolben
der **Kol|le|ge,** die Kollegen
die **Kol|le|gin,** die Kolleginnen
die **Ko|lon|ne,** die Kolonnen → 5
kom
der **Kom|bi,** die Kombis
kom|bi|nie|ren,
du kombinierst → 11 ✦
der **Ko|met,** die Kometen
kom|for|ta|bel
ko|misch – der Komiker
das **Kom|ma,** die Kommas → 4
das **Kom|man|do** –
kommandieren → 4
kom|men, du kommst,
er kam → 4
der **Kom|men|tar,** die Kommentare
der **Kom|mis|sar**
die **Kom|mis|sa|rin**
die **Kom|mo|de,**
die Kommoden
die **Kom|mu|ni|on** → 4
kom|mu|ni|zie|ren,
du kommunizierst → 4, 11 ✦
die **Ko|mö|die,** die Komödien
der **Kom|pass,** die Kompasse → 8
kom|plett → 9
das **Kom|pli|ment,** die Komplimente
kom|pli|ziert → 11
der **Kom|post|hau|fen**
das **Kom|pott** → 9
der **Kom|pro|miss,**
die Kompromisse → 8
kon
die **Kon|di|ti|on,** die Konditionen
der **Kon|di|tor,** die Konditoren
die **Kon|di|to|rei,** die Konditoreien
die **Kon|di|to|rin**
die **Kon|fe|renz,** die Konferenzen
das **Kon|fet|ti** → 9
der **Kon|fir|mand** → 22
die **Kon|fir|man|din**
die **Kon|fir|ma|ti|on** –
konfirmiert werden
die **Kon|fi|tü|re**
der **Kon|flikt,** die Konflikte
der **Kö|nig,** die Könige → 23
die **Kö|ni|gin,** die Königinnen
die **Kon|kur|renz** → 7
kön|nen, du kannst,
er konnte → 5
er **konn|te** – können → 5
der **Kon|rek|tor,** die Konrektoren
die **Kon|rek|to|rin**
die **Kon|ser|ve,** die Konserven
der **Kon|so|nant,** die Konsonanten
kon|stru|ie|ren,
du konstruierst → 11 ✦
der **Kon|takt,** die Kontakte

K

✦ **-ieren** ist eine Endung für Zeitwörter. ✦

der **Kon|ti|nent,** die Kontinente
das **Kon|to,** die Konten
die **Kon|trol|le** → 3
   kon|trol|lie|ren,
   du kontrollierst → 3, 11
die **Kon|zen|tra|ti|on**
sich **kon|zen|trie|ren,**
   du konzentrierst dich → 11
das **Kon|zert,** die Konzerte
   kop
der **Kopf,** die Köpfe
das **Kopf|weh**
die **Ko|pie,** die Kopien
   ko|pie|ren, du kopierst → 11
   kor
der **Ko|ran**
der **Korb,** die Körbe → 21
die **Kor|del,** die Kordeln
der **Kor|ken,** die Korken
das **Korn,** die Körner
der **Kör|per,** die Körper
   kor|rekt → 7
die **Kor|rek|tur,** die Korrekturen → 7
der **Kor|ri|dor,** die Korridore → 7
   kor|ri|gie|ren,
   du korrigierst → 7, 11
   kos
der **Kos|mo|naut,** die Kosmonauten
   kost|bar
die **Kos|ten** – kosten
   kos|ten, du kostest

   köst|lich
das **Kos|tüm** – kostümieren
   kot
der **Kot**
das **Ko|te|lett,** die Koteletts → 9
der **Kö|ter,** die Köter (Hund)
der **Kot|flü|gel**
   kot|zen, du kotzt → 10
   kr
   krab|beln, du krabbelst
der **Krach**
   kra|chen, es kracht
   kräch|zen, du krächzt
die **Kraft,** die Kräfte
   kräf|tig → 19
der **Kra|gen,** die Kragen [Krägen]
die **Krä|he,** die Krähen
   krä|hen, du krähst
   kra|kee|len, du krakeelst → 13
die **Kral|le,** die Krallen → 3
   kra|men, du kramst
der **Kram|la|den**
der **Krampf,** die Krämpfe
der **Kran,** die Kräne
   krank, kränker, am kränksten ✶
   krän|ken, du kränkst → 19 ✶
   krän|ker, am kränksten –
   krank → 19 ✶
die **Krank|heit,** die Krankheiten ✶
der **Kranz,** die Kränze
der **Krap|fen,** die Krapfen

✶ Denke an den gemeinsamen Wortstamm. ✶

kr  kü

der **Kra|ter,** die Krater
krat|zen, du kratzt → 10
der **Krat|zer** – kratzen → 10
krau|len, du kraulst
kraus (krauses Haar)
das **Kraut,** die Kräuter
der **Kra|wall,** die Krawalle → 3
die **Kra|wat|te,** die Krawatten → 9
kra|xeln, du kraxelst
kre|a|tiv
der **Krebs,** die Krebse
der **Kre|dit,** die Kredite
die **Krei|de,** die Kreiden
krei|de|bleich
der **Kreis,** die Kreise
krei|schen, du kreischst
der **Krei|sel,** die Kreisel
krei|sen, du kreist
kreis|rund → 22
die **Krem [Kre|me]** → Creme
das **Kreuz,** die Kreuze → 18
die **Kreu|zung,**
die Kreuzungen → 18
krib|beln, es kribbelt
krie|chen, du kriechst,
er kroch → 11
der **Krieg,** die Kriege → 11, 23
krie|gen, du kriegst → 11
der **Kri|mi,** die Krimis
die **Kri|mi|nal|po|li|zei**
kri|mi|nell → 3

der **Krin|gel,** die Kringel
die **Krip|pe** (das Krippenspiel) → 6
kri|tisch
kri|ti|sie|ren, du kritisierst → 11
krit|zeln, du kritzelst → 10
er **kroch** – kriechen
das **Kro|ko|dil,** die Krokodile
der **Kro|kus,** die Krokusse
die **Kro|ne,** die Kronen
die **Krö|te,** die Kröten
die **Krü|cke,** die Krücken → 1
der **Krug,** die Krüge → 23
der **Krü|mel,** die Krümel
krumm → 4
sich **krüm|men,**
du krümmst dich → 4
die **Krus|te,** die Krusten
das **Kru|zi|fix,** die Kruzifixe
ku
der **Kü|bel,** die Kübel
die **Kü|che,** die Küchen
der **Ku|chen,** die Kuchen
der **Ku|ckuck** → 1
die **Ku|fe,** die Kufen
die **Ku|gel,** die Kugeln
sich **ku|geln,** du kugelst dich
die **Kuh,** die Kühe
kühl
küh|len, du kühlst ★
der **Küh|ler,** die Kühler ★
der **Kühl|schrank** ★

★ Denke an den gemeinsamen Wortstamm. ★

kü  la

kühn
das **Kü|ken,** die Küken
die **Ku|lis|se,** die Kulissen → 8
kul|lern, du kullerst → 3
die **Kul|tur,** die Kulturen
der **Küm|mel** → 4
der **Kum|mer** → 4
küm|mer|lich → 4
sich **küm|mern,**
du kümmerst dich → 4
der **Kum|pel,** die Kumpel
der **Kun|de,** die Kunden
die **Kün|di|gung** – kündigen
die **Kun|din,** die Kundinnen
die **Kund|schaft**
künf|tig
die **Kunst,** die Künste
der **Künst|ler,** die Künstler
die **Künst|le|rin,** die Künstlerinnen
künst|lich – der Kunststoff
kun|ter|bunt
die **Kup|pe,** die Kuppen → 6
die **Kupp|lung** – kuppeln → 6
die **Kur,** die Kuren
die **Kur|bel** – kurbeln
der **Kür|bis,** die Kürbisse
ku|ri|os
der **Kurs,** die Kurse
die **Kur|ve,** die Kurven
kur|ven, du kurvst
kurz, kürzer, am kürzesten ✳

kurz|är|me|lig [kurz|ärm|lig] ✳
die **Kür|ze** – kurz ✳
kür|zen, du kürzt ✳
kür|zer, am kürzesten – kurz ✳
kürz|lich ✳
kurz|sich|tig ✳
die **Ku|si|ne** [Cousine],
die Kusinen
der **Kuss,** die Küsse → 8
küs|sen, du küsst → 8
die **Küs|te,** die Küsten
die **Kut|sche,** die Kutschen
der **Kut|ter,** die Kutter → 9
das **Ku|vert,** die Kuverts

L

la
das **La|by|rinth,** die Labyrinthe
lä|cheln, du lächelst → 19
das **La|chen**
la|chen, du lachst
lä|cher|lich → 19
der **Lachs,** die Lachse
der **Lack,** die Lacke → 1
la|ckie|ren, du lackierst → 1, 11
der **La|den,** die Läden
la|den, du lädst, er lud

✳ Denke an den gemeinsamen Wortstamm. ✳

du **lädst** – laden → 19 ✽
die **Ladung,** die Ladungen
er **lag** – liegen → 23
das **Lager,** die Lager
lagern, du lagerst
lahm – gelähmt → 12
die **Lähmung** – lähmen → 19 ✽
der **Laib,** die Laibe (Brotlaib) → 17
der **Laich** – laichen → 17
der **Laie,** die Laien → 17
das **Laken,** die Laken
die **Lakritze** → 10
lallen, du lallst → 3
lamentieren, du lamentierst → 11
das **Lametta** → 9
das **Lamm,** die Lämmer → 4
die **Lampe,** die Lampen
der **Lampion,** die Lampions
das **Land,** die Länder → 22
landen, du landest
die **Landschaft,** die Landschaften
die **Landung** – landen
die **Landwirtschaft**
lang, länger, am längsten
langärmelig [**langärmlig**] ✽
die **Länge** – lang → 19 ✽
langen, es langt
länger, am längsten – lang → 19 ✽
die **Langeweile**
länglich – lang → 19 ✽
langsam
längst, lang → 19 ✽
sich **langweilen,** du langweilst dich
langweilig
der **Lappen,** die Lappen → 6
läppisch → 19, 6
die **Lärche,** die Lärchen (der Baum)
der **Lärm** – lärmen
lärmen, du lärmst
die **Larve,** die Larven
er **las** – lesen
lasch
lassen, du lässt, er ließ → 8
lässig → 19, 8
das **Lasso,** die Lassos → 8
du **lässt** – lassen → 19, 8 ✽
die **Last,** die Lasten
der **Laster,** die Laster
lästern, du lästerst → 19
lästig → 19 ✽
das **Latein** – lateinisch
die **Laterne,** die Laternen
latschen, du latschst
die **Latte,** die Latten → 9
der **Latz** (die Latzhose) → 10
lau
das **Laub**
die **Lauer** – lauern
lauern, du lauerst
der **Lauf,** die Läufe
laufen, du läufst, er lief

✽ Denke an das verwandte Wort mit **a**. ✽

laufend
der **Läu|fer** – laufen → 20
die **Läu|fe|rin,**
die Läuferinnen → 20
du **läufst** – laufen → 20
die **Lau|ne,** die Launen
lau|nisch
die **Laus,** die Läuse
der **Laus|bub,** die Lausbuben
lau|schen, du lauschst
laut
der **Laut,** die Laute
läu|ten, du läutest → 20
lau|ter
lau|warm
die **La|va**
die **La|wi|ne,** die Lawinen
le
das **Le|ben**
le|ben, du lebst
le|ben|dig
die **Le|bens|mit|tel** → 9
die **Le|ber**
leb|haft
der **Leb|ku|chen,** die Lebkuchen
das **Leck,** die Lecks → 1
le|cken, du leckst → 1
le|cker → 1
der **Le|cker|bis|sen,**
die Leckerbissen → 1, 8
das **Le|der**

le|dig
le|dig|lich
leer → 13
lee|ren, du leerst
(das Glas leeren) → 13
le|gen, du legst
die **Le|gen|de,** die Legenden
der **Lehm** → 13
leh|mig → 13
die **Leh|ne,** die Lehnen → 13
leh|nen, du lehnst → 13
die **Leh|re** – lehren → 13 ★
leh|ren, du lehrst (jemandem etwas beibringen) → 13 ★
der **Leh|rer,** die Lehrer → 13 ★
die **Leh|re|rin,** die Lehrerinnen → 13
der **Leib,** die Leiber (Körper) → 21
die **Lei|che,** die Leichen
der **Leich|nam,** die Leichname
leicht, am leichtesten
die **Leicht|ath|le|tik**
die **Leich|tig|keit**
der **Leicht|sinn** → 5
leicht|sin|nig → 5
das **Leid**
das **Lei|den,** die Leiden
lei|den, du leidest, er litt
(Hunger leiden)
lei|dend
die **Lei|den|schaft,**
die Leidenschaften

★ Denke an den gemeinsamen Wortstamm. ★

leidenschaftlich
leider (sich leider verspäten)
leiern, du leierst
leihen, du leihst, er lieh
der **Leim**
leimen, du leimst
die **Lei**ne, die Leinen
das **Lei**nen
die **Lein**wand, die Leinwände → 22
leis [leise]
die **Leis**te, die Leister
leisten, du leistest
die **Leis**tung – leisten
leiten, du leitest
der **Lei**ter, die Leiter (Schulleiter)
die **Lei**ter, die Leitern
die **Lei**terin, die Leiterinnen
die **Lei**tung – leiten
die **Lek**tion, die Lektionen
die **Lek**türe
lenken, du lenkst
die **Len**kung – lenken
der **Lenz**
der **Le**opard, die Leoparden → 22
die **Ler**che, die Lerchen
(der Vogel)
lernen, du lernst
die **Le**se (Weinlese)
lesen, du liest, er las
der **Le**ser – lesen
die **Le**serin, die Leserinnen

leserlich
letzter, der Letzte → 10
leuchten, es leuchtet → 18
der **Leuch**ter, die Leuchter → 18
leugnen, du leugnest → 18
die **Leu**te → 18
das **Le**xikon, die Lexika [Lexiken]
li
die **Li**belle, die Libellen → 3
das **Licht**, die Lichter
lichterloh
die **Lich**tung, die Lichtungen
das **Lid**, die Lider (Augenlid) → 22
lieb → 11, 21 ✱
die **Lie**be – lieben → 11 ✱
lieber, am liebsten – gern → 11
lieblich → 11 ✱
der **Lieb**ling → 11 ✱
die **Lieb**lingsspeise → 11 ✱
lieblos → 11 ✱
das **Lied**, die Lieder
(Volkslied) → 11, 22
liederlich → 11
er **lief** – laufen → 11
liefern, du lieferst → 11
die **Lie**ferung,
die Lieferungen → 11
die **Lie**ge, die Liegen → 11
liegen, du liegst, er lag → 11
der **Lie**gestütz → 11, 10
er **lieh** – leihen → 11

L

✱ Denke an den gemeinsamen Wortstamm. ✱

er **ließ** – lassen → 11, 16
du **liest** – lesen → 11
der **Lift,** die Lifte
die **Li|ga,** die Ligen
    li|la
die **Li|mo|na|de,** die Limonaden
die **Lin|de,** die Linden
das **Li|ne|al,** die Lineale
die **Li|nie,** die Linien
    li|niert [li|ni|iert] – lini[i]eren → 11
    links
der **Links|hän|der,**
    die Linkshänder → 19
    links|hän|dig → 19 ✨
das **Li|no|le|um**
die **Lin|se** – linsen
die **Lip|pe** (Oberlippe) → 6
    lis|peln, du lispelst
die **List,** die Listen
die **Lis|te,** die Listen
    lis|tig ✨
der [das] **Li|ter,** die Liter
die **Li|te|ra|tur**
die **Lit|faß|säu|le**
er **litt** – leiden → 9
die **Live|sen|dung**
    lo
das **Lob** – loben → 21
    lo|ben, du lobst
    lo|bens|wert
das **Loch,** die Löcher

lo|chen, du lochst
lö|che|rig [löch|rig] ✨
lö|chern, du löcherst mich
die **Lo|cke,** die Locken → 1
lo|cken, du lockst → 1
lo|cker → 1
lo|ckern, du lockerst → 1
lo|ckig (lockige Haare) → 1 ✨
der **Lo|den|man|tel,** die Lodenmäntel
lo|dern, es lodert
der **Löf|fel,** die Löffel → 2
er **log** – lügen → 23
lo|gisch
der **Lohn,** die Löhne → 14
sich **loh|nen,** es lohnt sich → 14
die **Loi|pe,** die Loipen
das **Lo|kal,** die Lokale
die **Lo|ko|mo|ti|ve [Lok],**
    die Lokomotiven
    los
das **Los,** die Lose
lös|bar
das **Lösch|blatt,**
    die Löschblätter → 9
    lö|schen, du löschst
    lo|se
    lo|sen, du lost
    lö|sen, du löst
    lös|lich
die **Lö|sung,** die Lösungen
das **Lot,** die Lote

✨ **-ig** ist eine Nachsilbe für Eigenschaftswörter. ✨

lö — ma

    löten, er lötet
der **Lotse,** die Lotsen
die **Lotterie,** die Lotterien → 9
das **Lotto** → 9
der **Löwe,** die Löwen
lu
der **Luchs,** die Luchse
die **Lücke** (Zahnlücke) → 1
    lückenhaft → 1
    lückenlos → 1
er **lud** – laden → 22
das **Luder,** die Luder
die **Luft,** die Lüfte ★
    lüften, du lüftest ★
    luftig ★
die **Lüftung** – lüften ★
die **Lüge** (Notlüge)
    lügen, du lügst, er log
der **Lügner** – lügen
die **Lügnerin,** die Lügnerinnen
die **Luke,** die Luken
der **Lümmel,** die Lümmel → 4
sich **lümmeln,**
    du lümmelst dich → 4
der **Lump,** die Lumpen
der **Lumpen,** die Lumpen
    lumpig
die **Lunge,** die Lungen
die **Lupe,** die Lupen
die **Lust**
    lustig

    lutschen, du lutschst
Luxemburg – luxemburgisch
luxuriös
der **Luxus**

M

ma
    machen, du machst
die **Macht,** die Mächte
    mächtig – die Macht → 19
die **Macke,** die Macken → 1
das **Mädchen,** die Mädchen
die **Made,** die Maden
    madig
die **Madonna,** die Madonnen → 5
der **Magen,** die Mägen [Magen]
    mager
der **Magnet,** die Magnete
    magnetisch
du **magst** – mögen
der **Mähdrescher,**
    die Mähdrescher
    mähen, du mähst
das **Mahl** (Festmahl) → 12
    mahlen, du mahlst
    (Kaffee mahlen) → 12
die **Mahlzeit,** die Mahlzeiten → 12

★ Denke an den gemeinsamen Wortstamm. ★

die **Mäh|ne,** die Mähnen
mah|nen, du mahnst → 12
die **Mah|nung** – mahnen → 12
der **Mai** → 17
die **Mail|box**
der **Main**
der **Mais** → 17
die **Ma|jes|tät,** die Majestäten
die **Ma|jo|nä|se** [Mayonnaise]
die **Mak|ka|ro|ni**
das **Mal** (Muttermal,
   zum ersten Mal)
mal (zweimal)
ma|len, du malst
   (ein Bild malen)
der **Ma|ler** – malen
die **Ma|le|rei**
die **Ma|le|rin,** die Malerinnen
das **Malz|bier** → 11
die **Ma|ma**
man
man|che, mancher, manches
manch|mal
die **Man|da|ri|ne,** die Mandarinen
die **Man|del,** die Mandeln
die **Ma|ne|ge,** die Manegen
der **Man|gel,** die Mängel
man|gel|haft
die **Ma|nie|ren** → 11
der **Mann,** die Männer → 5
männ|lich – der Mann → 19, 5

die **Mann|schaft,**
   die Mannschaften → 5
der **Man|tel,** die Mäntel
die **Map|pe,** die Mappen → 6
das **Mär|chen,** die Märchen
die **Mar|ga|ri|ne**
die **Ma|ri|o|net|te,**
   die Marionetten → 9
die **Mark**
die **Mar|ke,** die Marken
mar|kie|ren, du markierst → 11
der **Markt,** die Märkte
die **Mar|me|la|de**
der **Mar|mor**
der **Mars**
der **Marsch,** die Märsche
mar|schie|ren,
   du marschierst → 11
das **Mar|tins|horn**
der **März**
das [der] **Mar|zi|pan**
die **Ma|sche,** die Maschen
die **Ma|schi|ne,** die Maschinen
ma|schi|nell → 3
die **Ma|sern**
die **Mas|ke** – maskieren
sich **mas|kie|ren,**
   du maskierst dich → 11
das **Mas|kott|chen** → 9
das **Maß,** die Maße → 16
er **maß** – messen → 16

Unterscheide: ma**n** – der Ma**nn**.

die **Mas|sa|ge,** die Massagen → 8
die **Mas|se,** die Massen → 8
   mas|sie|ren, du massierst → 8, 11
   mä|ßig → 16
   mas|siv → 8
der **Maß|stab,** die Maßstäbe → 16
der **Mast,** die Masten (Fahnenmast)
die **Mast** (Schweinemast)
   mäs|ten, du mästest → 19
das **Match** (Spiel)
das **Ma|te|ri|al,** die Materialien
die **Ma|the|ma|tik**
die **Mat|rat|ze,** die Matratzen → 10
der **Mat|ro|se,** die Matrosen
der **Matsch** (Schneematsch)
   mat|schig
   matt – am mattesten → 9
die **Mat|te,** die Matten → 9
die **Mau|er,** die Mauern
   mau|ern, du mauerst
das **Maul,** die Mäuler
   mau|len, du maulst
der **Maul|wurf,** die Maulwürfe
der **Mau|rer,** die Maurer
die **Maus,** die Mäuse
die **Ma|yon|nai|se** → Majonäse

me
der **Me|cha|ni|ker,** die Mechaniker
die **Me|cha|ni|ke|rin** – mechanisch
   me|ckern, du meckerst → 1

Meck|len|burg-Vor|pom|mern –
mecklenburg-vorpommerisch
die **Me|dail|le,** die Medaillen
die **Me|di|en**
das **Me|di|ka|ment,** die Medikamente
die **Me|di|zin**
das **Meer,** die Meere → 13
der **Meer|ret|tich** → 13, 9
das **Mehl** → 13
   mehr, am meisten – viel → 13 ★
   meh|re|re → 13 ★
   mehr|mals → 13 ★
die **Mehr|zahl** → 13, 12 ★
   mei|den, du meidest, er mied
   mein, meine, meiner, meines
   mei|nen, du meinst
   mei|net|we|gen
die **Mei|nung** – meinen
die **Mei|se,** die Meisen
der **Mei|ßel** – meißeln → 16
   meist, meistens
   am **meis|ten** – viel
der **Meis|ter,** die Meister
die **Meis|te|rin,** die Meisterinnen
die **Meis|ter|schaft**
   mel|den, du meldest
die **Mel|dung** – melden
   mel|ken, du melkst, er molk
die **Me|lo|die,** die Melodien
die **Me|lo|ne,** die Melonen
das **Me|mo|ry,** die Memorys

★ Beachte den gleichen Wortstamm. ★

die **Men|ge,** die Mengen
der **Mensch,** die Menschen
das **Me|nü,** die Menüs
mer|ken, du merkst ✶
das **Merk|mal,** die Merkmale ✶
merk|wür|dig ✶
die **Mes|se,** die Messen → 8
mes|sen, du misst, er maß → 8
das **Mes|ser,** die Messer → 8
das **Mess|ge|rät,** die Messgeräte
das **Mes|sing** → 8
das **Me|tall,** die Metalle → 3
der **Me|te|or,** die Meteore
der **Me|ter,** die Meter
die **Me|tho|de,** die Methoden
die **Mett|wurst,** die Mettwürste
der **Metz|ger,** die Metzger → 10
die **Metz|ge|rei** → 10
die **Meu|te|rei** – meutern → 18

mi
mi|au|en, sie miaut
mich
die **Mi|cky|maus**
er **mied** – meiden → 11
die **Mie|ne** (mit ernster Miene) → 11
mies – am miesesten → 11
die **Mie|te,** die Mieten
(eine Wohnung mieten) → 11
mie|ten, du mietest → 11
das **Mi|kro|fon** [Mikrophon],
die Mikrofone

das **Mi|kro|skop,** die Mikroskope
die **Mi|kro|wel|le** → 3
die **Milch** – milchig
mild → 22
das **Mi|li|tär** – militärisch
die **Mil|li|ar|de,** die Milliarden
der **Mil|li|me|ter,** die Millimeter
die **Mil|li|on,** die Millionen
min|des|tens
die **Mi|ne** (Bleistiftmine)
das **Mi|ne|ral|was|ser** → 8
Mi|ni|golf
der **Mi|nis|ter,** die Minister
die **Mi|nis|te|rin**
der **Mi|nist|rant,** die Ministranten
die **Mi|nist|ran|tin**
mi|nus
die **Mi|nu|te,** die Minuten
mir
mi|schen, du mischst
mi|se|ra|bel
miss|ach|ten,
du missachtest → 8
der **Miss|brauch** –
missbrauchen → 8
das **Miss|ge|schick**
miss|han|deln,
du misshandelst → 8
die **Mis|si|on** → 8
der **Mis|si|o|nar,** die Missionare → 8
die **Mis|si|o|na|rin** → 8

✶ Denke an den gemeinsamen Wortstamm. ✶

mi  **mo**

du **misst** – messen → 8
das **Misstrauen** – misstrauen → 8
misstrauen, du misstraust → 8
misstrauisch → 8
missverstanden – missverstehen → 8
das **Missverständnis** – missverstehen → 8, 19
der **Mist** (Pferdemist)
mit ⭐
miteinander
das **Mitglied,** die Mitglieder → 11
der **Mitlaut,** die Mitlaute
das **Mitleid** → 22
mitleidig
der **Mittag,** am Mittag → 9
mittags → 9
die **Mitte** – mittendrin → 9
mitteilen, du teilst mit
die **Mitteilung,** die Mitteilungen
das **Mittel,** die Mittel → 9
das **Mittelmeer** → 9, 13
mitten → 9
die **Mitternacht** → 9
mittlerweile → 9
der **Mittwoch,** am Mittwoch → 9
mittwochs → 9
mixen, du mixt
der **Mixer** – mixen
mo
die **Möbel**

er **mochte** – mögen
die **Mode,** die Moden
das **Modell,** die Modelle → 3
modern
das **Mofa,** die Mofas
mogeln, du mogelst
mögen, du magst, er mochte
möglich
die **Möglichkeit**
möglichst
der **Mohn** → 14
der **Mohr** (Mohrenkopf) → 14
die **Möhre,** die Möhren
die **Mohrrübe,**
die Mohrrüben → 14
der **Molch,** die Molche
er **molk** – melken
die **Molkerei,** die Molkereien
mollig → 3
der **Moment,** die Momente
momentan
der **Monat,** die Monate
der **Mönch,** die Mönche
der **Mond,** die Monde → 22
die **Moneten**
das **Monster,** die Monster
der **Montag,** am Montag
die **Montage** – montieren
montags
der **Monteur,** die Monteure
montieren, du montierst → 11

M

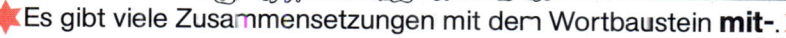

⭐ Es gibt viele Zusammensetzungen mit dem Wortbaustein **mit-**. ⭐

mo  **mü**

das **Moor,** die Moore (die Moorlandschaft) → 14
das **Moos,** die Moose → 14
das **Mo|ped,** die Mopeds
der **Mops,** die Möpse
die **Mo|ral** – moralisch
der **Mo|rast** – morastig
der **Mord,** die Morde → 22
mor|den, er mordet
der **Mör|der** – morden
die **Mör|de|rin**
der **Mor|gen,** am Morgen
mor|gen, morgen Abend
das **Mor|gen|grau|en**
mor|gens
morsch
der **Mör|tel**
das **Mo|sa|ik,** die Mosaiken
die **Mo|schee,** die Moscheen
die **Mo|sel**
der **Mos|lem,** die Moslems
die **Mos|li|me,** die Moslimen
der **Most**
der **Mo|tor,** die Motore
die **Mot|te,** die Motten → 9
mot|zen, du motzt → 10
das **Moun|tain|bike**
die **Mö|we,** die Möwen
mu
die **Mü|cke,** die Mücken → 1
mucks|mäus|chen|still → 1, 20, 3

mü|de
die **Mü|dig|keit** ✹
die **Mü|he,** die Mühen
die **Müh|le,** die Mühlen
müh|sam
die **Mul|de,** die Mulden
der **Müll** → 3
die **Müll|ab|fuhr** → 3, 15
die **Mull|bin|de,** die Mullbinden → 3
die **Müll|de|po|nie,** die Mülldeponien → 3, 11
die **Mul|ti|pli|ka|tion**
mul|ti|pli|zie|ren, du multiplizierst → 11
der **Mumps**
der **Mund,** die Münder → 22
mün|den, er mündet
die **Mund|har|mo|ni|ka**
münd|lich
die **Mün|dung** – münden ✹
die **Mu|ni|tion**
mun|keln, du munkelst
mun|ter
die **Mün|ze,** die Münzen
mürb [mür|be]
die **Mur|mel,** die Murmeln
mur|meln, du murmelst
das **Mur|mel|tier,** die Murmeltiere → 11
mur|ren, du murrst → 7
mür|risch → 7

✹ **-ung** und **-keit** sind Nachsilben für Namenwörter. ✹

mu  na

das **Mus** (Apfelmus)
die **Mu|schel,** die Muscheln
das **Mu|se|um,** die Museen
die **Mu|sik,** die Musiken
 mu|si|ka|lisch
der **Mu|si|ker,** die Musiker
die **Mu|si|ke|rin,** die Musikerinnen
 mu|si|zie|ren, du musizierst → 11
der **Mus|kel,** die Muskeln
das **Müs|li**
 müs|sen, du musst,
  er musste → 8
 du **musst,** er musste – müssen
das **Mus|ter,** die Muster
der **Mut** – mutig
die **Mut|ter,** die Mütter → 9
 mut|wil|lig → 3
die **Müt|ze,** die Mützen → 10

N

na

die **Na|be,** die Naben (Radnabe)
der **Na|bel,** die Nabel
 nach
 nach|ah|men,
  du ahmst nach → 12
der **Nach|bar,** die Nachbarn
die **Nach|ba|rin,** die Nachbarinnen
die **Nach|bar|schaft**
 nach|dem
 nach|ei|nan|der ★
 nach|gie|big → 11
 nach|her
 nach|läs|sig → 19, 8
der **Nach|mit|tag,**
 die Nachmittage → 9
 nach|mit|tags → 9
die **Nach|richt,** die Nachrichten
 nächs|te Woche
 am **nächs|ten** – nah
die **Nacht,** die Nächte
der **Nach|teil,** die Nachteile
 nach|träg|lich → 19
 nachts
 nackt → 1
die **Na|del,** die Nadeln
der **Na|gel,** die Nägel
 na|geln, du nagelst
 na|gen, du nagst
 nah [na|he], näher, am nächsten
die **Nä|he** → 19
 nä|hen, du nähst → 19
 nä|her, am nächsten – nah → 19
 er **nahm** – nehmen → 12
 nahr|haft → 12
die **Nah|rung,** die Nahrungen → 12
das **Nah|rungs|mit|tel,**
 die Nahrungsmittel → 12, 9

★ Auch so kannst du trennen: **nach-ein-an-der.** ★

na **ni**

die **Naht,** die Nähte → 12
na|iv
der **Na|me,** die Namen
das **Na|men|wort,** die Namenwörter
näm|lich
er **nann|te** – nennen → 5
der **Napf,** die Näpfe
die **Nar|be,** die Narben
die **Nar|ko|se**
der **Narr** – närrisch → 7
die **Nar|zis|se** → 8
na|schen, du naschst
die **Na|se,** die Nasen
nass → 8
die **Näs|se** – nass → 19, 8
die **Na|ti|on,** die Nationen
die **Na|tur,** die Naturen
na|tür|lich
ne
der **Ne|bel,** die Nebel
ne|be|lig [neb|lig]
ne|ben
der **Ne|ckar**
ne|cken, du neckst → 1
der **Nef|fe,** die Neffen → 2
ne|ga|tiv
neh|men, du nimmst,
er nahm → 13
der **Neid** → 22
nei|disch
sich **nei|gen,** du neigst dich

nein
die **Nel|ke,** die Nelken
nen|nen, du nennst,
er nannte → 5
das **Ne|on|licht**
der **Nerv,** die Nerven
ner|vös
das **Nest,** die Nester
nett → 9
das **Netz,** die Netze → 10
neu → 18
die **Neu|gier[de]** –
neugierig → 18, 11
die **Neu|ig|keit**
neu|lich → 18
neun, neunmal → 18
neun|zehn → 18, 13
neun|zig → 18
ni
nicht
die **Nich|te,** die Nichten
nichts
ni|cken, du nickst → 1
nie → 11
nie|der → 11
die **Nie|der|lan|de** – niederländisch
Nie|der|sach|sen –
niedersächsisch
der **Nie|der|schlag,**
die Niederschläge → 11
nied|lich → 11

-isch ist eine Nachsilbe für Eigenschaftswörter.

    nied|rig → 11
    nie|mals → 11
    nie|mand → 11
die **Nie|re,** die Nieren → 11
    nie|seln, es nieselt → 11
    nie|sen, du niest → 11
die **Nie|te,** die Nieten → 11
der **Ni|ko|laus**
das **Nil|pferd,** die Nilpferde → 22
du **nimmst** – nehmen → 4
    nip|pen, du nippst → 6
    nir|gends
die **Ni|sche**
    nis|ten, er nistet
die **Ni|xe,** die Nixen
    no
    noch
    noch|mals
das **No|men,** die Nomen
der **No|mi|na|tiv**
die **Non|ne,** die Nonnen → 5
der **Non|sens** (Nonsens reden)
    non|stop
der **Nor|den**
    nörd|lich
    Nord|rhein-West|fa|len –
    nordrhein-westfälisch
    nör|geln, du nörgelst
    nor|mal
    Nor|we|gen – norwegisch
die **Not,** die Nöte

die **No|te,** die Noten
    no|tie|ren, du notierst → 11
    nö|tig
die **No|tiz,** die Notizen
    not|wen|dig
der **No|vem|ber**
    nu
im **Nu**
    nüch|tern
die **Nu|del,** die Nudeln
    null → 3
die **Num|mer,** die Nummern → 4
    num|me|rie|ren,
    du nummerierst → 4, 11
    nun
    nur
die **Nuss,** die Nüsse → 8
    nut|zen, du nutzt → 10 ✶
    nüt|zen, du nützt → 10 ✶
    nütz|lich → 10 ✶

O

    o
die **O|a|se,** die Oasen
    ob
    o|ben
der **O|ber,** die Ober

✶ Beachte den gemeinsamen Wortstamm. ✶

die **O|ber|flä|che** → 19
o|ber|fläch|lich → 19
das **Ob|jekt,** die Objekte
die **Ob|la|te,** die Oblaten
das **Obst**
ob|wohl → 14
der **Och|se,** die Ochsen
o|cker → 1
ö|de
o|der
die **O|der**
der **O|fen,** die Öfen
of|fen – die Offenheit → 2 ⭐
die **Öf|fent|lich|keit** – öffentlich ⭐
of|fi|zi|ell → 2, 3
öff|nen, du öffnest → 2 ⭐
die **Öff|nung** – offen → 2 ⭐
oft, öfter, am öftesten
öf|ter, am öftesten – oft
oft|mals
oh|ne → 14
die **Ohn|macht** –
ohnmächtig → 14
das **Ohr,** die Ohren → 14
die **Ohr|fei|ge,** die Ohrfeigen → 14
o|kay [o. k.]
der **Ok|to|ber**
das **Öl,** die Öle
ö|len, du ölst
die **O|li|ve,** die Oliven
die **O|lym|pi|a|de,** die Olympiaden

die **O|lym|pi|schen Spiele**
die **O|ma,** die Omas
das **O|me|lett,** die Omeletts → 9
der **Om|ni|bus,** die Omnibusse
der **On|kel,** die Onkel
on|line (Online-Dienste)
der **O|pa,** die Opas
das **O|pen|air|kon|zert** [Open-Air-Konzert]
die **O|per,** die Opern
die **O|pe|ra|ti|on,** die Operationen
o|pe|rie|ren, er operiert → 11
das **Op|fer,** die Opfer
op|fern, du opferst
op|ti|mal
op|ti|mis|tisch – der Optimist
die **O|ran|ge,** die Orangen
o|ran|ge
das **Or|ches|ter,** die Orchester
or|dent|lich
ord|nen, du ordnest
der **Ord|ner** – ordnen
die **Ord|nung** – ordnen
das **Or|gan,** die Organe
die **Or|ga|ni|sa|ti|on,**
die Organisationen
or|ga|ni|sie|ren, du organisierst →
die **Or|gel,** die Orgeln
der **O|ri|ent** – orientalisch
sich **o|ri|en|tie|ren,**
du orientierst dich → 11

Denke an den gemeinsamen Wortstamm.

die **O**ri|en|tie|rung → 11 ★
das **O**ri|gi|nal, die Originale
    o|ri|gi|nell → 3
der **O**r|kan, die Orkane
der **O**rt, die Orte
die **O**rt|schaft, die Ortschaften ★
der **O**s|ten
    Os|tern
    Ös|ter|reich – öster|reichisch
    öst|lich
    o|val
der **O**ver|all, die Overalls → 3
der **O**ze|an, die Ozeane
das **O**zon

P

pa
das **Pa**ar, die Paare → 12
ein **pa**ar (einige) → 12
ein **pa**ar Mal → 12
    pach|ten, du pachtest
das **Päck**chen – packen → 19, 1
    pa|cken, du packst
    (ein Paket packen) → 1
die **Pa**|ckung, die Packungen → 1 ★
das **Pa**d|del, die Paddel
    pad|deln, du paddelst

das **Pa**|ket, die Pakete
der **Pa**|last, die Paläste
die **Pal**|me, die Palmen
die **Pam**|pel|mu|se,
    die Pampelmusen
die **Pa**|nik
die **Pan**|ne, die Pannen → 5
der **Pan**|ther [Panter], die Panther
der **Pan**|tof|fel, die Pantoffeln → 2
der **Pan**|zer, die Panzer
der **Pa**|pa
der **Pa**|pa|gei, die Papageien
das **Pa**|pier, die Papiere → 11
die **Pap**|pe, die Pappen → 6
die **Pap**|pel, die Pappeln → 6
der **Pa**|pri|ka, die Paprikas
der **Papst**, die Päpste
das **Pa**|ra|dies, die Paradiese → 11
    pa|ral|lel → 3
die **Pa**|ral|le|le, die Parallelen
der **Pa**|ra|sit, die Parasiten
das **Pär**|chen – das Paar → 19
das **Par**|fum [Par|füm], die Parfums
    [Parfüme, Parfums]
    pa|rie|ren, du parierst → 11
der **Park**, die Parks
der **Par**|ka, die Parkas
    par|ken, du parkst
das **Par**|kett
    (der Parkettboden) → 9
der **Park**|platz, die Parkplätze → 10

★ **-schaft** und **-ung** sind Nachsilben für Namenwörter. ★

pa  **pf**

das **Par|la|ment,** die Parlamente
die **Par|tei,** die Parteien
das **Par|ter|re** → 7
der **Part|ner,** die Partner
die **Part|ne|rin,** die Partnerinnen
die **Par|ty,** die Partys
der **Pass,** die Pässe
    (Reisepass) → 8
der **Pas|sa|gier,** die Passagiere → 8
    pas|sen, es passt → 8
    pas|sie|ren, es passiert → 8, 11
    pas|siv → 8
  es **pass|te** – passen → 8
die **Pas|te|te,** die Pasteten
der **Pas|tor,** die Pastoren
die **Pas|to|rin,** die Pastorinnen
der **Pa|te,** die Paten
der **Pa|ter,** die Patres
der **Pa|tient,** die Patienten
die **Pa|tien|tin,** die Patientinnen
die **Pa|tin,** die Patinnen
die **Pa|tro|ne,** die Patronen
die **Pau|ke,** die Pauken
die **Pau|se,** die Pausen
der **Pa|zi|fik**
der **PC,** die PCs (**P**ersonal**c**omputer)
    pe
das **Pech**
das **Pe|dal,** die Pedale
    pein|lich
die **Peit|sche,** die Peitschen

die **Pel|le,** die Pellen → 3
    pel|len, du pellst
    (Kartoffeln pellen) → 3
der **Pelz** – pelzig
    pen|deln, du pendelst
der **Pend|ler,** die Pendler
der **Pe|nis**
die **Pen|si|on,** die Pensionen
das **Per|fekt**
    per|fekt
die **Pe|ri|o|de,** die Perioden
die **Per|le,** die Perlen
die **Per|son,** die Personen
    per|sön|lich
die **Pe|rü|cke,** die Perücken → 1
    pes|si|mis|tisch –
    der Pessimist → 8
die **Pe|ter|si|lie**
das **Pet|ro|le|um**
    pet|zen, du petzt → 10
    pf
der **Pfad,** die Pfade → 22 ★
der **Pfahl,** die Pfähle → 12
das **Pfand,** die Pfänder → 22 ★
die **Pfan|ne,** die Pfannen → 5
der **Pfar|rer,** die Pfarrer → 7
die **Pfar|re|rin,** die Pfarrerinnen → 7
der **Pfau,** die Pfauen
der **Pfef|fer** – pfeffern → 2
die **Pfef|fer|min|ze** → 2
    pfef|fern, du pfefferst → 2

★ Beim verlängerten Wort hörst du das **d** deutlich. ★

pf  **pi**

die **Pfei|fe** – pfeifen
pfei|fen, du pfeifst, er pfiff
der **Pfeil,** die Pfeile
der **Pfei|ler,** die Pfeiler
der **Pfen|nig,** die Pfennige → 5
das **Pferd,** die Pferde → 22
der **Pfiff** – pfeifen → 2
er **pfiff** – pfeifen → 2
der **Pfif|fer|ling,** die Pfifferlinge → 2
pfif|fig → 2
Pfings|ten
der **Pfir|sich,** die Pfirsiche
die **Pflan|ze** – pflanzen ✦
pflan|zen, du pflanzt ✦
das **Pflas|ter** – pflastern
die **Pflau|me,** die Pflaumen
die **Pfle|ge**
pfle|gen, du pflegst
die **Pflicht** – verpflichten
pflü|cken, du pflückst
(Äpfel pflücken) → 1
der **Pflug,** die Pflüge
pflü|gen, du pflügst
(den Acker pflügen)
die **Pfor|te,** die Pforten
der **Pfört|ner,** die Pförtner
der **Pfos|ten,** die Pfosten
die **Pfo|te,** die Pfoten
der **Pfrop|fen,** die Pfropfen
pfui
das **Pfund,** die Pfunde → 22

pfu|schen, du pfuschst
die **Pfüt|ze,** die Pfützen → 10
ph
die **Phan|ta|sie** → Fantasie
phan|tas|tisch → fantastisch
das **Phan|tom,** die Phantome
die **Pho|to|gra|phie** → Fotografie
die **Phy|sik**
pi
der **Pi|ckel,** die Pickel → 1
pi|cken, du pickst → 1
das **Pick|nick** → 1
pie|pen, es piept → 11
pier|cen, du bist gepierct → 11
pi|kant
die **Pil|le,** die Pillen → 3
der **Pi|lot,** die Piloten
die **Pi|lo|tin,** die Pilotinnen
der **Pilz,** die Pilze ✦
der **Pin|gu|in,** die Pinguine
pink
die **Pinn|wand** → 5
der **Pin|sel,** die Pinsel
pin|seln, du pinselst
die **Pin|zet|te,** die Pinzetten → 9 ✦
der **Pi|rat,** die Piraten
pir|schen, du pirschst
die **Pis|te,** die Pisten
die **Pis|to|le,** die Pistolen
die **Piz|za,** die Pizzas [Pizzen]
die **Piz|ze|ria,** die Pizzerien

✦ Nach Mitlauten steht nur **z**, nie **tz**. ✦

pl
plagen, du plagst
das **Plakat**, die Plakate
die **Plakette**, die Plaketten → 9
der **Plan**, die Pläne
die **Plane**, die Planen
planen, du planst
der **Planet**, die Planeten
plan[t]schen, du plan[t]schst
plappern, du plapperst → 6
plärren, du plärrst → 7
das **Plastik**
das **Plastilin**
plätschern, es plätschert
das **Platt** (Platt sprechen)
platt (ein platter Reifen) → 9
die **Platte**, die Platten → 9
der **Platz**, die Plätze → 10
das **Plätzchen**, die Plätzchen → 10
platzen, es platzt → 10
plaudern, du plauderst
das **Play-back** [Playback]
pleite sein
die **Plombe**, die Plomben
plombieren, er plombiert → 11 ✵
plötzlich → 10
plump
plumpsen, du plumpst
der **Plunder**
plündern, du plünderst
der **Plural**

plus

po
der **Po** [Popo]
pochen, du pochst
die **Pockenschutzimpfung** → 1, 10
das **Podium**, die Podien
das **Poesiealbum**, die Poesiealben
der **Pokal**, die Pokale
der **Pol**, die Pole (Nordpol)
Polen – polnisch
polieren, du polierst → 11 ✵
die **Politesse**, die Politessen → 8
die **Politik** – politisch
der **Politiker**, die Politiker
die **Politikerin**
die **Polizei**
der **Polizist**, die Polizisten
die **Polizistin**, die Polizistinnen
der **Pollen**, die Pollen → 3
das **Polster**, die Polster
polstern, du polsterst
poltern, du polterst
die **Pommes frites**
das **Pony**, die Ponys
der **Pool** (Swimmingpool)
die **Popmusik**
die **Pore**, die Poren
die **Portion**, die Portionen
das **Portmonee** [Portemonnaie]
das **Porto**, die Portos [Porti]
Portugal – portugiesisch

✵ -ieren ist eine Endung für Zeitwörter. ✵

das **Por|zel|lan**
die **Po|sau|ne,** die Posaunen
po|si|tiv
die **Post**
das **Pos|ter,** die Poster
pr
die **Pracht** – prächtig
das **Prä|di|kat**
prä|gen, du prägst
prah|len, du prahlst → 12
prak|tisch
die **Pra|li|ne,** die Pralinen
prall → 3
die **Prä|mie,** die Prämien
die **Pran|ke,** die Pranken
die **Prä|rie,** die Prärien
das **Prä|sens**
der **Prä|si|dent,** die Präsidenten
die **Prä|si|den|tin**
pras|seln, es prasselt → 8
das **Prä|te|ri|tum**
die **Pra|xis,** die Praxen
pre|di|gen, du predigst
die **Pre|digt,** die Predigten
der **Preis,** die Preise
das **Preis|aus|schrei|ben**
preis|wert
prel|len, du prellst → 3
die **Prel|lung,** die Prellungen → 3
die **Pres|se** → 8
pres|sen, du presst → 8

pres|sie|ren, es pressiert → 8, 11
der **Pries|ter,** die Priester → 11
pri|ma
pri|mi|tiv
der **Prinz,** die Prinzen
die **Prin|zes|sin** → 8
pri|vat
die **Pro|be,** die Proben
pro|ben, du probst
pro|bie|ren, du probierst → 11
das **Prob|lem,** die Probleme ⭐
das **Pro|dukt** – produzieren
der **Pro|fes|sor,** die Professoren → 8
die **Pro|fes|so|rin** → 8
der **Pro|fi,** die Profis
das **Pro|gramm,** die Programme → 4
das **Pro|jekt,** die Projekte
der **Pro|jek|tor** (Overhead-Projektor)
pro|mi|nent
prompt
das **Pro|no|men,** die Pronomen
der **Pro|pel|ler,** die Propeller → 3
der **Pro|phet,** die Propheten
Pro|sit [Prost]
der **Pros|pekt,** die Prospekte
der **Pro|test,** die Proteste
pro|tes|tan|tisch –
der Protestant
pro|tes|tie|ren,
du protestierst → 11
die **Pro|the|se,** die Prothesen

⭐ Du kannst auch so trennen: **Pro-blem**. ⭐

pr  **qu**

das **Pro|to|koll,** die Protokolle → 3
pro|to|kol|lie|ren,
du protokollierst → 3, 11
der **Pro|vi|ant**
das **Pro|zent,** die Prozente
der **Pro|zess,** die Prozesse → 8
die **Pro|zes|si|on,** die Prozessionen
prü|fen, du prüfst
die **Prü|fung,** die Prüfungen
die **Prü|ge|lei,** die Prügeleien
prü|geln, du prügelst
pu
die **Pu|ber|tät**
das **Pub|li|kum**
der **Pud|ding,**
die Puddinge [Puddings]
der **Pu|del,** die Pudel
der **Pu|der,** die Puder
pu|dern, du puderst
der **Puf|fer,** die Puffer → 2
der **Pul|li,** die Pullis → 3
der **Pul|lo|ver,** die Pullover → 3
der **Puls**
das **Pult,** die Pulte
das **Pul|ver,** die Pulver
die **Pum|pe,** die Pumpen
pum|pen, du pumpst
der **Punkt,** die Punkte
pünkt|lich
die **Pu|pil|le,** die Pupillen → 3
die **Pup|pe,** die Puppen → 6

pur
pur|zeln, du purzelst
die **Pus|te** – pusten
pus|ten, du pustest
put|zen, du putzt → 10
put|zig → 10
puz|zeln, du puzzelst
das **Puz|zle,** die Puzzles
py
die **Py|ra|mi|de,** die Pyramiden

Q

qu ✸
der **Qua|der,** die Quader
das **Quad|rat,** die Quadrate
der **Quai [Kai],** die Quais [Kais] → 17
qua|ken, du quakst
die **Qual,** die Qualen
quä|len, du quälst → 19
die **Qua|li|tät,** die Qualitäten
die **Qual|le,** die Quallen → 3
der **Qualm** – qualmen
qual|men, es qualmt
der **Quark**
das **Quar|tett,**
die Quartette → 9
das **Quar|tier,** die Quartiere → 11

✸ **kw** am Wortanfang wird **Qu** oder **qu** geschrieben. ✸

qu   **ra**

       quas|seln, du quasselst → 8
der **Quatsch** – quatschen
       quat|schen, du quatschst
das **Queck|sil|ber** → 1
die **Quel|le** – quellen → 3
       quel|len, es quillt, es quoll
       quen|geln, du quengelst
       quer
       quer|feld|ein
der **Quer|schnitt,**
       die Querschnitte → 9
       quet|schen, du quetschst
die **Quet|schung** – quetschen
       quick|le|ben|dig → 1
       quie|ken, du quiekst → 11
       quiet|schen,
       du quietschst → 11
       quietsch|ver|gnügt → 11
 es **quillt** – quellen → 3
der **Quirl** – quirlen
       quir|len – du quirlst
       quir|lig
       quitt → 9
       quit|tie|ren, du quittierst → 9, 11
die **Quit|tung,** die Quittungen → 9
das **Quiz** (die Quizfrage)
 es **quoll** – quellen → 3
die **Quo|te** (Anteil, Menge)
der **Quo|ti|ent,** die Quotienten

R

ra
der **Ra|batt** → 9
der **Ra|be,** die Raben
die **Ra|che** – rächen
der **Ra|chen,** die Rachen
sich **rä|chen,** du rächst dich → 19
das **Rad,** die Räder → 22 ★
der [das] **Ra|dar**
der **Ra|dau**
der **Rad|fah|rer** – Rad fahren → 12
die **Rad|fah|re|rin** → 12
       ra|die|ren, du radierst → 11
der **Ra|dier|gum|mi** → 11, 4
das **Ra|dies|chen,**
       die Radieschen → 11
       ra|di|kal
das **Ra|dio,** die Radios
       raf|fen, er rafft → 2
       raf|fi|niert
der **Rahm** → 12
der **Rah|men,** die Rahmen → 12
die **Ra|ke|te,** die Raketen
die **Ral|lye,** die Rallyes → 3
der **Ra|ma|dan**
       ram|men, du rammst → 4
die **Ram|pe,** die Rampen
der **Rand,** die Ränder → 22 ★

★ Beim verlängerten Wort hörst du das **d** deutlich. ★

der **Rang,** die Ränge
er **rang** – ringen
ran|gie|ren, du rangierst → 11
es **rann** – rinnen → 5
er **rann|te** – rennen → 5
der **Ran|zen,** die Ranzen
ran|zig
der **Rap|pe,** die Rappen → 6
der **Raps**
rar
ra|sant
rasch
ra|scheln, es raschelt
der **Ra|sen** (Rasenmäher)
ra|sen, du rast
sich **ra|sie|ren,** du rasierst dich → 11
die **Ras|se,** die Rassen → 8
die **Ras|sel,** die Rasseln → 8
ras|seln, du rasselst → 8
die **Rast** – rasten
ras|ten, du rastest
die **Rast|stät|te,**
die Raststätten → 9
der **Rat** - raten
die **Ra|te** (Ratenzahlung)
ra|ten, du rätst, er riet
die **Ra|ten|zah|lung** → 12
das **Rät|sel,** die Rätsel → 19 ★
du **rätst** – raten → 19 ★
die **Rat|te,** die Ratten → 9
rat|tern, es rattert → 9

rau
der **Raub** – rauben → 21
rau|ben, er raubt
der **Räu|ber** – rauben → 20
der **Rauch** – rauchen
rau|chen, du rauchst
räu|chern, du räucherst → 20
rau|fen, du raufst
die **Rau|fe|rei,** die Raufereien
der **Raum,** die Räume
räu|men, du räumst → 20
die **Rau|pe,** die Raupen
der **Rau|reif**
raus
der **Rausch**
rau|schen, es rauscht
sich **räus|pern,**
du räusperst dich
die **Raz|zia,** die Razzien
re
re|a|gie|ren,
du reagierst → 11
die **Re|ak|ti|on,** die Reaktionen
die **Re|al|schu|le**
die **Re|be,** die Reben
der **Re|chen,** die Rechen
re|chen, du rechst
(Laub rechen)
rech|nen, du rechnest
der **Rech|ner,** die Rechner
die **Rech|nung** – rechnen

★ Denke an das verwandte Wort mit **a**. ★

das **Recht,** die Rechte
(Recht haben)
recht, es ist mir recht
das **Recht|eck** – rechteckig → 1
rechts
der **Rechts|an|walt,**
die Rechtsanwälte
die **Rechts|an|wäl|tin**
recht|zei|tig
das **Reck,** die Recke → 1
sich **re|cken,** du reckst dich → 1
das **Re|cyc|ling** – recyceln
die **Re|de** – reden
re|den, du redest
die **Re|form,** die Reformen
das **Re|gal,** die Regale
die **Re|gel,** die Regeln
re|gel|mä|ßig → 16
re|geln, du regelst
der **Re|gen** – regnen ✴
sich **re|gen,** du regst dich
der **Re|gen|schau|er,**
die Regenschauer ✴
re|gie|ren, er regiert → 11
die **Re|gie|rung,**
die Regierungen → 11
reg|nen, es regnet ✴
reg|ne|risch ✴
das **Reh,** die Rehe
rei|ben, du reibst, er rieb
die **Rei|bung** – reiben

reich
rei|chen, es reicht
reich|lich
der **Reich|tum,** die Reichtümer
reif (reifes Obst)
der **Reif** (Raureif)
der **Rei|fen,** die Reifen
die **Rei|he,** die Reihen
der **Reim,** die Reime
rei|men, du reimst
rein
rei|ni|gen, du reinigst
die **Rei|ni|gung** – reinigen
der **Reis**
die **Rei|se** – reisen
rei|sen, du reist
(nach Italien reisen)
das **Rei|sig**
rei|ßen, du reißt, er riss
(etwas auseinander reißen) → 16
der **Reiß|ver|schluss,**
die Reißverschlüsse → 16, 8
rei|ten, du reitest, er ritt
der **Rei|ter** – reiten
die **Rei|te|rin**
der **Reiz,** die Reize
rei|zen, du reizt
rei|zend
die **Re|kla|me,** die Reklamen
der **Re|kord,** die Rekorde → 22
der **Rek|tor,** die Rektoren

✴ Denke an den gemeinsamen Wortstamm. ✴

die **Rek|to|rin,** die Rektorinnen
re|la|tiv
die **Re|li|gi|on,** die Religionen
rem|peln, du rempelst
ren|nen, du rennst, er rannte
re|no|vie|ren, du renovierst → 11
die **Ren|te,** die Renten
sich **ren|tie|ren,** es rentiert sich → 11
der **Rent|ner,** die Rentner
die **Rent|ne|rin,** die Rentnerinnen
die **Re|pa|ra|tur,** die Reparaturen
re|pa|rie|ren, du reparierst → 11
die **Re|por|ta|ge,** die Reportagen
der **Re|por|ter,** die Reporter
die **Re|por|te|rin**
das **Rep|til,** die Reptilien
die **Re|pub|lik,** die Republiken
re|ser|vie|ren, du reservierst → 11
der **Res|pekt**
der **Rest,** die Reste
das **Res|tau|rant,** die Restaurants
ret|ten, du rettest → 9
der **Ret|ter,** die Retter → 9
der **Ret|tich,** die Rettiche → 9
die **Ret|tung** – retten → 9
die **Reue** → 18
das **Re|vier,** die Reviere → 11
der **Re|vol|ver,** die Revolver
das **Re|zept,** die Rezepte
rh
der **Rha|bar|ber** (Rhabarberkuchen)
der **Rhein**
Rhein|land-Pfalz –
rheinland-pfälzisch
rhyth|misch
der **Rhyth|mus,** die Rhythmen
ri
rich|ten, du richtest
der **Rich|ter**
die **Rich|te|rin**
rich|tig
die **Rich|tung,** die Richtungen
er **rieb** – reiben → 11
rie|chen, du riechst, er roch → 11
er **rief** – rufen → 11
der **Rie|gel,** die Riegel → 11
der **Rie|men,** die Riemen → 11
der **Rie|se,** die Riesen → 11
rie|seln, es rieselt → 11
rie|sig (ein riesiger Ballon) → 11
er **riet** – raten → 11
die **Ril|le,** die Rillen → 3
das **Rind,** die Rinder → 22
die **Rin|de,** die Rinden
der **Ring,** die Ringe
rin|gen, du ringst, er rang
rings|he|rum ✶
die **Rin|ne** – rinnen → 5
rin|nen, es rinnt, es rann → 5
die **Rip|pe,** die Rippen → 6
das **Ri|si|ko,** die Risiken [Risikos]
ris|kie|ren, du riskierst → 11

✶ Auch so kannst du trennen: **rings-her-um**. ✶

der **Riss,** die Risse → 8
  er **riss** – reißen → 8
    ris|sig (rissige Haut) → 8 ⭐
der **Ritt,** die Ritte → 9
  er **ritt** – reiten → 9
der **Rit|ter,** die Ritter → 9
die **Rit|ze** – ritzen → 10
  ro
die **Rob|be,** die Robben
der **Ro|bo|ter,** die Roboter
  ro|bust
  er **roch** – riechen
  rö|cheln, du röchelst
der **Rock,** die Röcke → 1
der **Ro|del** – rodeln
  ro|deln, du rodelst
der **Rog|gen**
  roh
das **Rohr,** die Rohre → 14
die **Röh|re,** die Röhren
die **Rol|le** – die Rollen → 3
  rol|len, du rollst → 3
der **Rol|ler,** die Roller → 3
die **Rol|lerblades** → 3
die **Rol|lerskates** → 3
das **Rol|lo,** die Rollos → 3
der **Ro|man,** die Romane
  ro|man|tisch
  rönt|gen, er wird geröntgt
  ro|sa
die **Ro|se,** die Rosen

  ro|sig ⭐
die **Ro|sine,** die Rosinen
das **Ross,** die Rosse → 8
der **Rost** – rosten
  ros|ten, es rostet
  rös|ten, du röstest
  ros|tig ⭐
  rot – rötlich
das **Ro|te Kreuz**
der **Row|dy,** die Rowdys
  ru
  rub|beln, du rubbelst
die **Rü|be,** die Rüben
der **Ruck,** die Rucke → 1
der **Rü|cken,** die Rücken → 1
  rü|cken, du rückst → 1
die **Rück|kehr** → 1, 13
die **Rück|sicht,** die Rücksichten → 1
  rück|sichts|los → 1
die **Rück|tritt|brem|se** → 1, 9
  rück|wärts → 1
das **Ru|del,** die Rudel
das **Ru|der,** die Ruder
  ru|dern, du ruderst
der **Ruf,** die Rufe
  ru|fen, du rufst, er rief
die **Rü|ge,** die Rügen
die **Ru|he** – ruhen
  ru|hig ⭐
der **Ruhm** – rühmen → 15
  rüh|ren, du rührst

⭐ **-ig** ist eine Nachsilbe für Eigenschaftswörter. ⭐

ru  sa

die **Ru|ine,** die Ruinen
Ru|mä|ni|en – rumänisch
der **Rum|mel|platz** →4, 10
rümp|fen, du rümpfst
rund → 22
die **Run|de,** die Runden
der **Rund|funk**
run|zeln, du runzelst ✹
runz|lig ✹
der **Rü|pel,** die Rüpel
rup|fen, du rupfst
der **Ruß** → 16
der **Rüs|sel,** die Rüssel → 8
ru|ßig → 16
Russ|land – russisch → 8
rüs|tig
die **Rüs|tung** – rüsten
die **Ru|te,** die Ruten
rut|schen, du rutschst
rüt|teln, du rüttelst → 9

S

sa
der **Saal,** die Säle → 12
die **Saa|le**
Saar|land – saarländisch
die **Saat,** die Saaten → 12

die **Sa|che,** die Sachen
sach|lich – die Sachkunde
säch|lich – die Sache → 19
Sach|sen – sächsisch
Sach|sen-An|halt –
sachsen-anhaltinisch
der **Sack,** die Säcke → 1
sä|en, du säst – die Saat
der **Saft,** die Säfte
saf|tig
die **Sa|ge** – sagen
die **Sä|ge** – sägen
sa|gen, du sagst
sä|gen, du sägst
sa|gen|haft
er **sah** – sehen
die **Sah|ne** – sahnig → 12
die **Sai|son** (Hochsaison)
die **Sai|te** (Gitarrensaite) → 17
das **Sak|ra|ment**
der **Sa|la|man|der,** die Salamander
die **Sa|la|mi**
der **Sa|lat,** die Salate
die **Sal|be** – salben
der **Sal|to,** die Saltos [Salti]
das **Salz** – salzen ✹
sal|zen, du salzt ✹
sal|zig ✹
der **Sa|me[n],** die Samen
sam|meln, du sammelst → 4
die **Samm|lung** – sammeln → 4

✹ Nach Mitlauten steht nur **z**, nie **tz**. ✹

sa  scha

der **Sams|tag,** am Samstag
sams|tags
sämt|li|che
das **Sa|na|to|ri|um,** die Sanatorien
der **Sand** → 22
die **San|da|le,** die Sandalen
san|dig
er **sand|te** – senden
das [der] **Sand|wich,**
die Sandwich[e]s
sanft
er **sang** – singen
der **Sän|ger** – singen → 19
die **Sän|ge|rin** → 19
der **Sa|ni|tä|ter,** die Sanitäter
die **Sa|ni|tä|te|rin**
es **sank** – sinken
der **Sarg,** die Särge → 23
er **saß** – sitzen → 16
der **Sa|tel|lit,** die Satelliten
satt, am sattesten → 9
der **Sat|tel** – satteln → 9
der **Satz,** die Sätze → 10
die **Satz|aus|sa|ge** → 10
der **Satz|ge|gen|stand** → 10
die **Sau,** die Säue [Sauen]
sau|ber
sau|er
säu|er|lich – sauer → 20 ✸
der **Sau|er|stoff** → 2
sau|fen, es säuft, es soff

es **säuft** – saufen → 20 ✸
sau|gen, du saugst, er sog
das **Säu|ge|tier** – saugen → 20 ✸
der **Säug|ling,** die Säuglinge → 20 ✸
die **Säu|le,** die Säulen
der **Saum,** die Säume
die **Sau|na,** die Saunas [Saunen]
die **Säu|re,** die Säuren → 20 ✸
der **Sau|ri|er,** die Saurier
sau|sen, du saust
sb
die **S-Bahn** (Schnellbahn) → 12
sc
der **Scan|ner,** die Scanner → 5
scha
scha|ben, du schabst
schä|big
die **Scha|blo|ne,** die Schablonen
das **Schach**
der **Schacht,** die Schächte
die **Schach|tel,** die Schachteln
scha|de
der **Schä|del,** die Schädel
der **Scha|den,** die Schäden
scha|den, du schadest
schäd|lich – der Schaden → 19
der **Schäd|ling** – schaden → 19
das **Schaf,** die Schafe
der **Schä|fer,** die Schäfer → 19
schaf|fen, du schaffst → 2
der **Schaff|ner,** die Schaffner → 2

✸ Denke an das verwandte Wort mit **au**. ✸

scha     **schi**

die **Schaff|ne|rin** → 2
der **Schal,** die Schals
die **Scha|le** – schälen
   'schä|len, du schälst → 19 ★
der **Schall** – schallen → 3
   schal|len, es schallt → 3
die **Schall|plat|te,**
   die Schallplatten → 3, 9
   schal|ten, du schaltest
der **Schal|ter,** die Schalter
die **Schal|tung** – schalten
sich **schä|men,** du schämst dich ★
   scham|los
die **Schan|de**
die **Schan|ze,** die Schanzen
die **Schar,** die Scharen
   scharf, schärfer, am schärfsten
   schär|fer, am schärfsten –
   scharf → 19 ★
das **Schasch|lik,** die Schaschliks
der **Schat|ten,** die Schatten → 9
   schat|tig → 9
der **Schatz,** die Schätze → 10
   schät|zen, du schätzt → 19, 10 ★
die **Schau** – schauen
   schau|en, du schaust
der **Schau|er**
die **Schau|fel,** die Schaufeln
   schau|feln, du schaufelst
die **Schau|kel,** die Schaukeln
   schau|keln, du schaukelst

der **Schaum** – schäumen
   schäu|men, es schäumt → 20
   schau|rig
der **Schau|spie|ler,** die Schauspieler
die **Schau|spie|le|rin** → 11
sche
der **Scheck,** die Schecks → 1
die **Schei|be,** die Scheiben
die **Schei|de,** die Scheiden
sich **schei|den** lassen,
   du lässt dich scheiden
die **Schei|dung** – scheiden
der **Schein**
   schein|bar
   schei|nen, es scheint, es schien
der **Schei|tel,** die Scheitel
   schel|len, du schellst → 3
der **Sche|mel,** die Schemel
der **Schen|kel,** die Schenkel
   schen|ken, du schenkst
die **Scher|be,** die Scherben
die **Sche|re,** die Scheren
der **Scherz** – scherzen
   scher|zen, du scherzt
die **Scheu** → 18
   scheu → 18
   scheu|ern, du scheuerst → 18
die **Scheu|ne,** die Scheunen → 18
   scheuß|lich → 18, 16
schi
der **Schi** → Ski

★ Denke an das verwandte Wort mit **a**. ★

schi   schl

die **Schicht,** die Schichten
schick [chic]
schi|cken, du schickst → 1
das **Schick|sal,** die Schicksale → 1
schie|ben, du schiebst,
er schob → 11
die **Schie|bung** → 11
der **Schieds|rich|ter** → 11
schief (ein schiefer Turm) → 11
schie|len, du schielst → 11
es **schien** – scheinen → 11
das **Schien|bein,**
die Schienbeine → 11
die **Schie|ne,** die Schienen → 11
schie|ßen, du schießt, er schoss
das **Schiff,** die Schiffe → 2
die **Schiff|fahrt** → 2, 12 ★
schi|ka|nie|ren,
du schikanierst → 11
das **Schild,** die Schilder → 22
schil|dern, du schilderst
die **Schild|krö|te,** die Schildkröten
das **Schilf**
schil|lern, es schillert → 3
der **Schim|mel** → 4
schim|me|lig [schimm|lig] → 4
der **Schim|mer** – schimmern → 4
schim|mern,
es schimmert → 4
der **Schim|pan|se,**
die Schimpansen

schimp|fen, du schimpfst
der **Schin|ken,** die Schinken
die **Schip|pe,** die Schippen → 6
der **Schirm,** die Schirme

schl

schlach|ten, du schlachtest
der **Schlach|ter** – schlachten
die **Schlach|te|rei** – schlachten
der **Schlaf** – schlafen
die **Schlä|fe,** die Schläfen
schla|fen, du schläfst,
er schlief
schlaff → 2
schläf|rig – schlafen → 19
du **schläfst** – schlafen → 19
der **Schlag,** die Schläge → 23
schla|gen, du schlägst,
er schlug
der **Schla|ger,** die Schlager
die **Schlä|ge|rei** → 19
du **schlägst** – schlagen → 19
der **Schlamm** → 4
schlam|mig → 4
die **Schlam|pe|rei**
schlam|pig
er **schlang** – schlingen
die **Schlan|ge** – sich schlängeln
schlank
schlapp → 6
das **Schla|raf|fen|land** → 2
schlau

★ **fff** entsteht hier durch Zusammensetzen. ★

schl    **schm**

der **Schlauch,** die Schläuche
die **Schlau|fe,** die Schlaufen
schlecht – am schlechtesten
schle|cken, du schleckst → 1
schlei|chen, du schleichst, er schlich
der **Schlei|er,** die Schleier
schlei|er|haft ✱
die **Schlei|fe,** die Schleifen
schlei|fen, du schleifst, er schliff
der **Schleim** – schleimig
schlen|dern, du schlenderst
schlep|pen, du schleppst → 6
der **Schlep|per** – schleppen → 6
Sches|wig-Hol|stein – schleswig-holsteinisch
die **Schleu|der,** die Schleudern → 18
schleu|dern, du schleuderst → 18
schleu|nigst → 18
die **Schleu|se** – schleusen → 18
er **schlich** – schleichen
schlicht
schlich|ten, du schlichtest
er **schlief** – schlafen → 11
schlie|ßen, du schließt, er schloss → 11, 16
schließ|lich → 11, 16
er **schliff** – schleifen → 2
schlimm → 4

schlin|gen, du schlingst, er schlang
die **Schling|pflan|ze**
der **Schlit|ten,** die Schlitten → 9
schlit|tern, du schlitterst → 9
der **Schlitt|schuh,** die Schlittschuhe → 9
der **Schlitz,** die Schlitze → 10
das **Schloss,** die Schlösser → 8
er **schloss** – schließen → 8
der **Schlos|ser,** die Schlosser → 8
die **Schlos|se|rei** → 8
der **Schlot,** die Schlote
schlot|tern, du schlotterst → 9
die **Schlucht,** die Schluchten
schluch|zen, du schluchzt
der **Schluck** – schlucken → 1
der **Schluck|auf** → 1
schlu|cken, du schluckst → 1
er **schlug** – schlagen → 23
schlum|mern, du schlummerst → 4
schlüp|fen, du schlüpfst
schlüpf|rig
schlur|fen, du schlurfst
schlür|fen, du schlürfst
der **Schluss,** die Schlüsse → 8
der **Schlüs|sel,** die Schlüssel → 8
schm
schmäch|tig
schmack|haft – schmecken → 1 ✱

✱ **-haft** ist eine Nachsilbe für Eigenschaftswörter. ✱

schm   schn

schmal
das **Schmalz** ✸
schmat|zen, du schmatzt → 10
schme|cken, es schmeckt → 1
schmei|cheln, du schmeichelst
schmei|ßen, du schmeißt,
er schmiss → 16
schmel|zen, es schmilzt,
es schmolz ✸
der **Schmerz,** die Schmerzen ✸
schmerz|haft ✸
der **Schmet|ter|ling,**
die Schmetterlinge → 9
der **Schmied,** die Schmiede → 11
schmie|ren, du schmierst → 11
der **Schmier|fink** – schmieren → 11
schmie|rig → 11
es **schmilzt** – schmelzen ✸
die **Schmin|ke** – schminken
sich **schmin|ken,** du schminkst dich
er **schmiss** – schmeißen → 8
schmö|kern, du schmökerst
schmol|len, du schmollst → 3
es **schmolz** – schmelzen ✸
schmo|ren, es schmort
der **Schmuck** – schmücken → 1
[sich] **schmü|cken,**
du schmückst [dich] → 1
der **Schmugg|ler** – schmuggeln
schmun|zeln, du schmunzelst ✸
schmu|sen, du schmust

der **Schmutz** → 10
schmut|zig → 10
schn
der **Schna|bel,** die Schnäbel
die **Schna|ke,** die Schnaken
die **Schnal|le,** die Schnallen → 3
schnal|zen, du schnalzt ✸
schnap|pen, du schnappst → 6
der **Schnaps,** die Schnäpse
schnar|chen, du schnarchst
schnat|tern, du schnatterst → 9
schnau|ben, du schnaubst
schnau|fen, du schnaufst
die **Schnau|ze,** die Schnauzen
sich **schnäu|zen,** du schnäuzt dich
die **Schne|cke,** die Schnecken → 1
der **Schnee** → 13
schnei|den, du schneidest,
er schnitt
der **Schnei|der,** die Schneider
die **Schnei|de|rin**
schnei|en, es schneit
schnell → 3
die **Schnel|lig|keit** → 3
schnip|peln,
du schnippelst → 6
der **Schnitt,** die Schnitte → 9
er **schnitt** – schneiden → 9
der **Schnitt|lauch** → 9
das **Schnit|zel,** die Schnitzel → 10
schnit|zen, du schnitzt → 10

✸ Nach Mitlauten steht nur **z**, nie **tz**. ✸

der **Schnor|chel** – schnorcheln
schnüf|feln, du schnüffelst → 2
der **Schnul|ler,** die Schnuller → 3
der **Schnup|fen**
schnup|pern, du schnupperst
die **Schnur,** die Schnüre
schnü|ren, du schnürst
der **Schnurr|bart,**
die Schnurrbärte → 7
schnur|ren, sie schnurrt → 7
der **Schnür|sen|kel,**
die Schnürsenkel

scho

er **schob** – schieben
der **Schock** → 1
die **Scho|ko|la|de**
schon
schön, etwas Schönes
scho|nen, du schonst
die **Schön|heit** ✹
die **Scho|nung** – schonen ✹
der **Schopf,** die Schöpfe
schöp|fen, du schöpfst
der **Schöp|fer** – schöpfen
der **Schorn|stein,** die Schornsteine
der **Schorn|stein|fe|ger**
der **Schoß,** die Schöße → 16
er **schoss** – schießen → 8
der **Schot|ter** → 9

schr

schräg

die **Schram|me,**
die Schrammen → 4
der **Schrank,** die Schränke
die **Schran|ke,** die Schranken
die **Schrau|be,** die Schrauben
schrau|ben, du schraubst
der **Schreck [Schre|cken],**
die Schrecken → 1
schreck|lich → 1
der **Schrei,** die Schreie
schrei|ben, du schreibst,
er schrieb
schrei|en, du schreist,
er schrie
der **Schrei|ner,** die Schreiner
die **Schrei|ne|rei,** die Schreinereien
die **Schrei|ne|rin**
schrei|ten, du schreitest,
er schritt
er **schrie** – schreien → 11
er **schrieb** – schreiben → 11
die **Schrift,** die Schriften
schrift|lich
der **Schrift|stel|ler,**
die Schriftsteller → 3
die **Schrift|stel|le|rin** → 3
schrill → 3
der **Schritt** – schreiten → 9
er **schritt** – schreiten → 9
schroff → 2
der **Schrott** (Schrottplatz) → 9

✹ **-ung** und **-heit** sind Nachsilben für Namenwörter. ✹

schr     **schw**

schrub|ben, du schrubbst
der **Schrub|ber** – schrubben
schrump|fen, es schrumpft
schu
das **Schub|fach,** die Schubfächer
die **Schub|kar|re,**
    die Schubkarren → 7
die **Schub|la|de,** die Schubladen
der **Schubs,** die Schubse
schub|sen, du schubst
schüch|tern
der **Schuft**
der **Schuh,** die Schuhe
die **Schuld,** die Schulden → 22
schul|den, du schuldest
schul|dig
die **Schu|le,** die Schulen
der **Schü|ler,** die Schüler
die **Schü|le|rin,** die Schülerinnen
die **Schul|ter,** die Schultern
schum|meln,
    du schmummelst → 4
die **Schup|pe,** die Schuppen → 6
der **Schup|pen,** die Schuppen → 6
schü|ren, du schürst
die **Schür|ze,** die Schürzen ✦
der **Schuss,** die Schüsse → 8
die **Schüs|sel,** die Schüsseln → 8
schus|se|lig → 8
der **Schus|ter,** die Schuster
der **Schutt** → 9

schüt|teln, du schüttelst → 9
schüt|ten, du schüttest → 9
der **Schutz** → 10
der **Schüt|ze,** die Schützen → 10
schüt|zen, du schützt → 10
schw
Schwa|ben – schwäbisch
schwach, schwächer,
    am schwächsten
die **Schwä|che** – schwach → 19
schwä|cher, am schwächsten –
    schwach → 19
schwäch|lich – schwach → 19
der **Schwa|ger,** die Schwäger
die **Schwä|ge|rin,**
    die Schwägerinnen → 19
die **Schwal|be,** die Schwalben
der **Schwamm,** die Schwämme → 4
er **schwamm** – schwimmen → 4
der **Schwan,** die Schwäne
er **schwang** – schwingen
schwan|ger
die **Schwan|ger|schaft**
schwan|ken, du schwankst
der **Schwanz,** die Schwänze ✦
schwän|zen, du schwänzt ✦
der **Schwarm,** die Schwärme
schwär|men,
    du schwärmst → 19
schwarz ✦
schwat|zen, du schwatzt → 10

✦ Nach Mitlauten steht nur **z**, nie **tz**. ✦

schw   **sei**

schwät|zen, du schwätzt
schwe|ben, du schwebst
Schwe|den – schwedisch
schwei|gen, du schweigst,
er schwieg
schweig|sam ⭐
das **Schwein,** die Schweine
der **Schweiß** → 16
schwei|ßen, er schweißt → 16
die **Schweiz** – schweizerisch
die **Schwel|le,** die Schwellen → 3
schwel|len, es schwillt,
es schwoll → 3
die **Schwel|lung** – schwellen → 3
schwen|ken, du schwenkst
schwer
schwer|fäl|lig → 19, 3 ⭐
schwer|hö|rig ⭐
das **Schwert,** die Schwerter
die **Schwes|ter,** die Schwestern
er **schwieg** – schweigen → 11
schwie|rig → 11 ⭐
die **Schwie|rig|keit,**
die Schwierigkeiten → 11
es **schwillt** – schwellen → 3
schwim|men, du schwimmst,
er schwamm → 4
der **Schwim|mer** → 4
die **Schwim|me|rin** → 4
der **Schwin|del**
schwin|de|lig [schwind|lig] ⭐

schwin|deln, du schwindelst
der **Schwind|ler,** die Schwindler
schwin|gen, du schwingst,
er schwang
schwir|ren, du schwirrst → 7
schwit|zen, du schwitzt → 10
es **schwoll** – schwellen → 3
er **schwor** – schwören
schwö|ren, du schwörst,
er schwor
schwül
die **Schwü|le**
der **Schwung,** die Schwünge
se
sechs, sechsmal
sech|zehn → 13
sech|zig
der **See,** die Seen → 13
die **See|le,** die Seelen → 13
das **Se|gel,** die Segel
se|geln, du segelst
der **Se|gen** – segnen
se|hen, du siehst, er sah
die **Seh|ne,** die Sehnen → 13
sich **seh|nen,** du sehnst dich → 13
die **Sehn|sucht** → 13
sehr → 13
seicht
seid (ihr seid fröhlich) – sein
die **Sei|de** (das Seidenkleid)
die **Sei|fe,** die Seifen

⭐ **-ig** und **-sam** sind Nachsilben für Eigenschaftswörter. ⭐

das **Seil,** die Seile
sein
seit (seit heute)
seit|dem
die **Sei|te,** die Seiten (Buchseite)
seit|wärts
der **Se|kre|tär,** die Sekretäre
das **Se|kre|ta|ri|at**
die **Se|kre|tä|rin,** die Sekretärinnen
der **Sekt**
die **Sek|te,** die Sekten
die **Se|kun|de,** die Sekunden
se|kun|den|lang
sel|ber
selbst
der **Selbst|laut,** die Selbstlaute
selb[st]|stän|dig → 19
die **Selb[st]|stän|dig|keit** → 19
der **Selbst|be|die|nungs|la|den**
selbst|ver|ständ|lich
se|lig
sel|ten
die **Sel|ten|heit**
das **Sel|ter[s]|was|ser** → 8
selt|sam
die **Sem|mel,** die Semmeln → 4
sen|den, du sendest,
er sandte
der **Sen|der** – senden
die **Sen|dung** – senden
der **Senf**

sen|ken, du senkst
(den Blick senken)
senk|recht
die **Senk|rech|te,** die Senkrechten
die **Sen|sa|tion,** die Sensationen
sen|sa|tio|nell → 3
die **Sen|se,** die Sensen
der **Sep|tem|ber**
die **Se|rie,** die Serien
die **Ser|pen|ti|ne,** die Serpentinen
der **Ser|vice**
ser|vie|ren, du servierst → 11
die **Ser|vi|et|te,** die Servietten → 9
der **Ses|sel,** die Sessel → 8
sich **set|zen,** du setzt dich → 10
die **Seu|che,** die Seuchen → 18
seuf|zen, du seufzt → 18
der **Seuf|zer** – seufzen → 18
sh
das **Sham|po[o],** die Shampo[o]s ✶
der **She|riff,** die Sheriffs ✶
das **Shirt,** die Shirts ✶
die **Shorts** (kurze Hose) ✶
die **Show,** die Shows ✶
si
sich
die **Si|chel,** die Sicheln
si|cher
die **Si|cher|heit**
die **Si|che|rung** – sichern
die **Sicht** – sehen

✶ Diese Wörter aus anderen Sprachen werden mit **Sh** geschrieben. ✶

si   so

sicht|bar
sie
das **Sieb** – sieben → 11, 21
sie|ben, du siebst → 11
sie|ben, siebenmal
sieb|zehn → 11
sieb|zig → 11
die **Sied|lung** – siedeln → 11
der **Sieg** – siegen → 11, 23
sie|gen, du siegst → 11
du **siehst** – sehen → 11
das **Sig|nal,** die Signale
die **Sil|be,** die Silben
das **Sil|ber** – silbern
sil|be|rig [silb|rig]
das **Si|lo,** die Silos
Sil|ves|ter
sie **sind,** sie waren – sein
sin|gen, du singst, er sang
(ein Lied singen)
der **Sin|gu|lar**
sin|ken, es sinkt, es sank
(ein Schiff sinkt)
der **Sinn,** die Sinne → 5
sinn|los → 5
die **Sint|flut**
die **Si|re|ne,** die Sirenen
der **Si|rup**
die **Sit|te,** die Sitten → 9
die **Si|tu|a|ti|on,** die Situationen
der **Sitz,** die Sitze → 10 ⭐

sit|zen, du sitzt, er saß → 10 ⭐
die **Sit|zung** – sitzen → 10 ⭐
sk
die **Ska|la,** die Skalen
der **Skan|dal,** die Skandale
das **Skate|board,** die Skateboards
das **Ske|lett,** die Skelette → 9
der **Sketsch** [Sketch], die Sketsche
der **Ski** [Schi], die Skier [Schier]
die **Skiz|ze,** die Skizzen
der **Skla|ve,** die Sklaven
die **Skla|vin**
sl
der **Sla|lom**
der **Slip,** die Slips
die **Slo|wa|kei** – slowakisch
sm
der **Smog** (Smogalarm)
sn
das **Snow|board,** die Snowboards
so
so
die **So|cke** [der Socken], die Socken → 1
so|dass [so dass]
das **So|fa,** die Sofas
es **soff** – saufen
so|fort
das **Soft|eis**
die **Soft|ware**
er **sog** – saugen → 23

⭐ Denke an den gemeinsamen Wortstamm. ⭐

sogar
die **Sohle** – besohlen → 14
der **Sohn,** die Söhne → 14
solche, solcher, solches
der **Soldat,** die Soldaten
die **Sole** (das Salzwasser)
sollen, du sollst → 3
das **Solo,** die Soli [Solos]
der **Sommer** → 4
das **Sonderangebot,**
die Sonderangebote
sonderbar
die **Sonderfahrt** → 12
sondern
der **Sonnabend** → 5, 22
sonnabends → 5
die **Sonne** – sich sonnen → 5
sonnig – sich sonnen → 5
der **Sonntag,** am Sonntag → 5
sonntags → 5
sonst
sooft
die **Sorge** – sorgen
sorgen, du sorgst
die **Sorgfalt**
sorgfältig → 19
die **Sorte,** die Sorten
sortieren, du sortierst → 11
die **Soße,** die Soßen → 16
der **Sound**
sowieso

sowohl → 14
sozial
spa
die **Spagetti** [Spaghetti] → 9
spähen, du spähst
der **Spalt** – spalten
der **Span,** die Späne
die **Spange,** die Spangen
Spanien - spanisch
er **spann** – spinnen → 5
spannen, du spannst → 5
spannend → 5
die **Spannung** → 5
sparen, du sparst
der **Spargel,** die Spargel
sparsam
der **Spaß,** die Späße → 16 ⭐
spaßen, du spaßt → 16 ⭐
spaßig – spaßen → 16 ⭐
spät – am spätesten
der **Spaten,** die Spaten
spätestens
der **Spatz,** die Spatzen → 10
spazieren, du spazierst
(spazieren gehen) → 11
der **Spaziergang** → 11
spe
der **Specht,** die Spechte
der **Speck** → 1
speckig → 1
der **Speer,** die Speere → 13

⭐ Denke an den gemeinsamen Wortstamm. ⭐

die **Spei|che,** die Speichen
der **Spei|chel**
der **Spei|cher** – speichern
    spei|en, du speist, er spie
die **Spei|se,** die Speisen
    spei|sen, du speist
der **Spek|ta|kel** (Lärm)
die **Spen|de** – spenden
    spen|den, du spendest
der **Sper|ling,** die Sperlinge
die **Sper|re** – sperren → 7
    sper|ren, du sperrst → 7
sich **spe|zia|li|sie|ren** → 11
der **Spe|zia|list,** die Spezialisten
die **Spe|zia|lis|tin**
die **Spe|zia|li|tät,** die Spezialitäten
    spe|ziell → 3

spi

    spi|cken, du spickst → 1
der **Spick|zet|tel** → 1, 9
er **spie** – speien → 11
der **Spie|gel** – spiegeln → 11
    spie|geln, du spiegelst → 11
das **Spiel** – spielen → 11
    spie|len, du spielst → 11
der **Spieß** – spießen → 11, 16
der **Spi|nat**
die **Spin|ne** – spinnen → 5
    spin|nen, du spinnst → 5
der **Spi|on,** die Spione
die **Spi|o|nin,** die Spioninnen
    spi|o|nie|ren,
    du spionierst → 11
die **Spi|ra|le,** die Spiralen
der **Spi|ri|tus**
    spitz – am spitzesten → 10 ✦
die **Spit|ze,** die Spitzen → 10 ✦
der **Spit|zel,** die Spitzel → 10
    spit|zen, du spitzt → 10 ✦
der **Spit|zer** – spitzen → 10 ✦

spl

der **Split|ter** – splittern → 9

spo

der **Sport** (Sport treiben)
der **Sport|ler,** die Sportler
die **Sport|le|rin,** die Sportlerinnen
    sport|lich
der **Spot,** die Spots (Werbespot)
der **Spott** – verspotten → 9
    spot|ten, du spottest → 9
    spöt|tisch → 9

spr

er **sprach** – sprechen
die **Spra|che** – sprechen
    sprach|los
er **sprang** – springen
das **Spray,** die Sprays
    spre|chen, du sprichst,
    er sprach
der **Spre|cher** – sprechen
die **Spre|che|rin**
    spren|gen, du sprengst

✦ Denke an den gemeinsamen Wortstamm. ✦

du **sprichst** – sprechen
das **Sprichwort** – sprechen
sprießen, es sprießt,
es spross → 11, 16
springen, du springst, er sprang
der **Sprit**
die **Spritze** – spritzen → 10
spritzen, du spritzt → 10
spröde (sprödes Material)
der **Spross** – sprießen → 8
es **spross** – sprießen → 8
die **Sprosse,** die Sprossen → 8
der **Spruch,** die Sprüche
der **Sprudel** – sprudeln
sprühen, du sprühst
der **Sprung,** die Sprünge
die **Sprungschanze**
spu
die **Spucke** – spucken → 1
spucken, du spuckst → 1
der **Spuk**
spuken, es spukt
die **Spüle** – spülen
spülen, du spülst
die **Spur,** die Spuren
spüren, du spürst
spurlos
der **Spurt,** die Spurts
spurten, du spurtest
sta
der **Staat,** die Staaten → 12

staatlich → 12
der **Stab,** die Stäbe → 21
stabil
er **stach** – stechen
der **Stachel,** die Stacheln
stachelig [stachlig]
der **Stadel,** die Stadel
das **Stadion,** die Stadien
die **Stadt,** die Städte ⭐
städtisch → 19 ⭐
der **Stadtrat,** die Stadträte ⭐
die **Stadträtin** ⭐
die **Staffel,** die Staffeln → 2
der **Stahl** (hart wie Stahl) → 12
er **stahl** – stehlen → 12
der **Stall,** die Ställe (Kuhstall) → 3
der **Stamm,** die Stämme → 4
stammeln, du stammelst → 4
stampfen, du stampfst
der **Stand,** die Stände → 22
er **stand** – stehen → 22
der **Ständer,** die Ständer → 19
ständig
die **Stange,** die Stangen
der **Stängel,** die Stängel → 19
es **stank** – stinken
der **Stapel,** die Stapel
stapeln, du stapelst
stapfen, du stapfst
der **Star,** die Stare (Vogel)
der **Star,** die Stars (Filmstar)

⭐ Nur wenige Wörter werden mit **-dt** geschrieben, z. B.: gesandt, verwandt. ⭐

er **starb** – sterben → 21
stark, stärker, am stärksten
die **Stärke** – sich stärken → 19
stärker, am stärksten – stark
starr (starr vor Schreck) → 7
starren, du starrst → 7
der **Start,** die Starts
starten, du startest
die **Station,** die Stationen
statt → 9
stattdessen → 9, 8
stattfinden, es findet statt, es fand statt → 9
stattlich → 9
die **Statue,** die Statuen
der **Stau** – stauen
der **Staub** → 21
stauben, es staubt
staubig ⭐
die **Staude,** die Stauden
sich **stauen** – es staut sich
staunen, du staunst
ste
das **Steak,** die Steaks
stechen, du stichst, er stach
stecken, du steckst → 1
der **Stecker** – stecken → 1
der **Steg,** die Stege → 23
stehen, du stehst, er stand
stehlen, du stiehlst, er stahl (Geld stehlen) → 13

steif
steigen, du steigst, er stieg
steigern, du steigerst
die **Steigung** – steigen
steil
der **Stein,** die Steine
steinig ⭐
die **Stelle** – stellen → 3
stellen, du stellst (aufstellen) → 3
die **Stellung,** die Stellungen → 3
die **Stelze,** die Stelzen
stemmen, du stemmst → 4
der **Stempel** – stempeln
stempeln, du stempelst
die **Steppe** → 6
sterben, du stirbst, er starb
die **Stereoanlage** – stereo hören
der **Stern,** die Sterne
die **Sternschnuppe** → 6
stets
das **Steuer** – steuern → 18
die **Steuer,** die Steuern (Steuern zahlen) → 18
sti
der **Stich** – stechen
du **stichst** – stechen
sticken, du stickst → 1
der **Sticker,** die Sticker → 1
stickig → 1 ⭐
der **Stiefel,** die Stiefel → 11

⭐ Wörter mit der Nachsilbe **-ig** sind Eigenschaftswörter. ⭐

sti   **str**

die **Stief|el|tern** (Stiefmutter, Stiefvater) → 11
er **stieg** – steigen → 11, 23
du **stiehlst** – stehlen → 11
der **Stiel**, die Stiele (Besenstiel) → 11
der **Stier**, die Stiere → 11
er **stieß** – stoßen → 11, 16
der **Stift**, die Stifte
stif|ten, du stiftest
der **Stil**, die Stile (Baustil) ✱
still → 3
die **Stil|le** → 3
die **Stim|me**, die Stimmen → 4
stim|men, es stimmt → 4
die **Stim|mung**, die Stimmungen
stin|ken, es stinkt, es stank
du **stirbst** – sterben
die **Stirn [Stir|ne]** (das Stirnband)
sto
stö|bern, du stöberst
sto|chern, du stocherst
der **Stock**, die Stöcke → 1
das **Stock|werk**, die Stockwerke → 1
der **Stoff**, die Stoffe → 2
stöh|nen, du stöhnst
der **Stol|len**, die Stollen → 3
stol|pern, du stolperst
der **Stolz**
stolz
stol|zie|ren, du stolzierst → 11
stop (auf Verkehrsschildern)

stop|fen, du stopfst
der **Stopp**, die Stopps → 6
die **Stop|peln** → 6
stop|pen, du stoppst → 6
der **Stöp|sel**, die Stöpsel
der **Storch**, die Störche
stö|ren, du störst
stör|risch → 7
die **Stö|rung** – stören
die **Sto|ry**, die Storys
der **Stoß** – stoßen → 16
sto|ßen, du stößt, er stieß → 16
stot|tern, du stotterst → 9
str
straf|bar
die **Stra|fe** – strafen
stra|fen, du strafst
der **Strahl**, die Strahlen → 12
strah|len, du strahlst → 12
die **Sträh|ne** – strähnig
stramm → 4
stram|peln, du strampelst
der **Strand**, die Strände → 22
die **Stra|pa|ze**, die Strapazen
die **Stra|ße**, die Straßen → 16
sich **sträu|ben**, du sträubst dich
der **Strauch**, die Sträucher
der **Strauß**, die Sträuße (Blumenstrauß) → 16
der **Stre|ber** – strebsam
die **Stre|cke** – strecken → 1

S

✱ Es gibt nur wenige Wörter mit lang gesprochenem **i** ohne Dehnungszeichen. ✱

sich **stre|cken,** du streckst dich → 1
der **Street|ball**
die **Street|work**
der **Street|wor|ker,**
    die Streetworker
die **Street|wor|ke|rin**
der **Streich,** die Streiche
    strei|cheln, du streichelst
    strei|chen, du streichst, er strich
der **Strei|fen,** die Streifen
    strei|fen, du streifst
der **Streik** – streiken
der **Streit** – streiten
    strei|ten, du streitest, er stritt
die **Strei|te|rei,** die Streitereien
    streng
der **Stress** → 8
    streu|en, du streust → 18
    streu|nen, du streunst → 18
der **Strich,** die Striche
  er **strich** – streichen
der **Strick,** die Stricke → 1
    stri|cken, du strickst → 1
  er **stritt** – streiten → 9
das **Stroh** → 14
der **Strolch** – strolchen
der **Strom,** die Ströme
    strö|men, es strömt
die **Strö|mung** – strömen
die **Stro|phe,** die Strophen
der **Stru|del,** die Strudel

der **Strumpf,** die Strümpfe
    strup|pig → 6
der **Struw|wel|pe|ter**
stu
die **Stu|be,** die Stuben
das **Stück,** die Stücke → 1
der **Stu|dent,** die Studenten
die **Stu|den|tin,** die Studentinnen
    stu|die|ren, du studierst → 11
das **Stu|di|um,** die Studien
die **Stu|fe,** die Stufen
der **Stuhl,** die Stühle → 15
    stumm → 4
der **Stüm|per,** die Stümper
    stumpf
die **Stun|de,** die Stunden
    stünd|lich
    stur
der **Sturm,** die Stürme
    stür|men, es stürmt
der **Stür|mer,** die Stürmer
    stür|misch
der **Sturz,** die Stürze
    stür|zen, du stürzt
die **Stu|te,** die Stuten
die **Stüt|ze,** die Stützen → 10
    stut|zen, du stutzt → 10
    stüt|zen, du stützt → 10
    stut|zig – stutzen → 10
sty
das **Sty|ro|por**

Diese Wörter sind mit dem englischen Wort **street** (Straße) zusammengesetzt.

T

su
das **Sub|jekt,** die Subjekte
das **Sub|stan|tiv,** die Substantive
   sub|tra|hie|ren, du subtrahierst
die **Su|che** – suchen
   su|chen, du suchst
die **Sucht,** die Süchte
   süch|tig
der **Sü|den**
   süd|lich
die **Sum|me,** die Summen → 4
   sum|men, du summst → 4
der **Sumpf,** die Sümpfe
die **Sün|de,** die Sünden
   sün|di|gen, du sündigst
   su|per
der **Su|per|markt,** die Supermärkte
die **Sup|pe,** die Suppen → 6
   sur|fen, du surfst
   süß – am süßesten → 16
die **Sü|ßig|keit** → 16
   süß|lich → 16

sw
das **Sweat|shirt,** die Sweatshirts
der **Swim|ming|pool**

sy
das **Sym|bol** – symbolisch
   sym|pa|thisch
das **Sys|tem** – systematisch

sz
die **Sze|ne** – szenisch

ta
der **Ta|bak**
die **Ta|bel|le,** die Tabellen → 3
das **Tab|lett,** die Tabletts → 9
die **Tab|let|te,** die Tabletten → 9
der **Ta|cho|me|ter,** die Tachometer
der **Ta|del** – tadeln
   ta|del|los
die **Ta|fel,** die Tafeln
der **Tag,** die Tage → 23
   ta|ge|lang
   täg|lich → 19 ★
der **Takt,** die Takte
   takt|los
das **Tal,** die Täler
das **Ta|lent** – talentiert
der **Ta|lis|man,** die Talismane
der **Tank,** die Tanks (Benzintank)
   tan|ken, du tankst
   (Benzin tanken)
der **Tan|ker,** die Tanker
der **Tank|wart,** die Tankwarte
die **Tan|ne,** die Tannen → 5
die **Tan|te,** die Tanten
der **Tanz,** die Tänze
   tan|zen, du tanzt
der **Tän|zer,** die Tänzer → 19 ★

 Denke an das verwandte Wort mit **a**.

tä  te

die **Tän|ze|rin,** die Tänzerinnen
die **Ta|pe|te,** die Tapeten
    ta|pe|zie|ren, du tapezierst ✶
    tap|fer
die **Tap|fer|keit**
sich **tar|nen,** du tarnst dich
die **Tar|nung**
die **Ta|sche,** die Taschen
die **Tas|se,** die Tassen → 8
die **Tas|te,** die Tasten
    tas|ten, du tastest
die **Tat,** die Taten
  er **tat** – tun
der **Tä|ter,** die Täter → 19
die **Tä|te|rin,** die Täterinnen → 19
    tä|tig → 19
die **Tä|tig|keit** → 19
die **Tat|sa|che,** die Tatsachen
    tat|säch|lich → 19
die **Tat|ze,** die Tatzen → 10
das **Tau,** die Taue (Tauziehen)
der **Tau** (Tautropfen)
    taub → 21
die **Tau|be,** die Tauben
    tau|chen, du tauchst
der **Tau|cher,** die Taucher
    tau|en, es taut
die **Tau|fe,** die Taufen
    tau|fen, du wirst getauft
    tau|gen, es taugt nichts
    tau|meln, du taumelst

der **Tausch** – tauschen
    tau|schen, du tauschst
    täu|schen, du täuschst → 20
die **Täu|schung** – täuschen → 20
    tau|send → 22
das **Ta|xi,** die Taxis
te
das **Team,** die Teams
die **Tech|nik,** die Techniken
der **Tech|ni|ker,** die Techniker
die **Tech|ni|ke|rin**
    tech|nisch
der **Ted|dy,** die Teddys
der **Tee,** die Tees → 13
der **Teer** – teeren → 13
der **Teich,** die Teiche
der **Teig,** die Teige
    (Brotteig) → 23
der [das] **Teil,** die Teile
    tei|len, du teilst
die **Teil|nah|me** – teilnehmen → 12
    teil|neh|men,
    du nimmst teil → 13
der **Teil|neh|mer,** die Teilnehmer
die **Teil|neh|me|rin** → 13
    teil|wei|se
das **Te|le|fon,** die Telefone
    te|le|fo|nie|ren,
    du telefonierst → 11 ✶
das **Te|le|gramm** → 4
der **Tel|ler,** die Teller → 3

 -ieren ist eine Endung für Zeitwörter.

der **Tem|pel,** die Tempel
das **Tem|pe|ra|ment,**
   die Temperamente
die **Tem|pe|ra|tur,** die Temperaturen
das **Tem|po,** die Tempos [Tempi]
das **Ten|nis** (Tennis spielen) → 5
der **Tep|pich,** die Teppiche → 6
der **Ter|min,** die Termine
die **Ter|ras|se,** die Terrassen → 7, 8
der **Ter|ror** – terrorisieren → 7
der **Test,** die Tests
das **Tes|ta|ment,** die Testamente
   tes|ten, du testest
   teu|er → 18
der **Teu|fel** – teuflisch → 18
der **Text,** die Texte

th

das **The|a|ter,** die Theater
das **The|ma,** die Themen
   the|o|re|tisch – die Theorie
die **The|ra|pie,** die Therapien
das **Ther|mo|me|ter,**
   die Thermometer
die **Ther|mos|fla|sche**
der **Thron,** die Throne
der **Thun|fisch** [Tunfisch]
   Thü|rin|gen – thüringisch

ti

   ti|cken, es tickt → 1
das **Ti|cket,** die Tickets (Flugticket)
   tief → 11

die **Tie|fe,** die Tiefen → 11
das **Tier,** die Tiere → 11
der **Ti|ger,** die Tiger
die **Tin|te,** die Tinten
der **Tipp,** die Tipps → 6
   tip|pen, du tippst → 6
   tipp|topp → 6
der **Tisch,** die Tische
der **Ti|tel,** die Titel

to

der **Toast,** die Toasts [Toaste]
   to|ben, du tobst
die **Toch|ter,** die Töchter
der **Tod** → 22
   töd|lich
   tod|si|cher
das **To|hu|wa|bo|hu**
die **Toi|let|te,** die Toiletten → 9
   to|le|rant
   toll → 3
   tol|len, du tollst
   (herumtollen) → 3
der **Toll|patsch** – tollpatschig
die **Toll|wut** – tollwütig → 3
die **To|ma|te,** die Tomaten
die **Tom|bo|la**
der **Ton,** die Töne
   tö|nen, es tönt
die **Ton|ne,** die Tonnen → 5
der **Topf,** die Töpfe
   top|fit

Th am Wortanfang ist selten. Merke dir diese Wörter.

to  **tr**

das **Tor,** die Tore
der **Torf**
    tö|richt
    tor|keln, du torkelst
die **Tor|te,** die Torten
der **Tor|wart**
    tot ✶
    to|tal
der **To|te,** die Toten ✶
die **To|te** ✶
    tö|ten, du tötest ✶
    to|ten|blass → 8 ✶
    to|ten|still → 3 ✶
sich **tot|la|chen,** er lacht sich tot ✶
die **Tour,** die Touren
der **Tou|rist,** die Touristen
    tr
    tra|ben, du trabst
die **Tracht,** die Trachten
er **traf** – treffen
der **Tra|fo,** die Trafos
    träg [trä|ge]
    tra|gen, du trägst, er trug
der **Trä|ger** – tragen → 19
du **trägst** – tragen → 19
der **Trai|ner,** die Trainer
die **Trai|ne|rin,** die Trainerinnen
    trai|nie|ren, du trainierst → 11
das **Trai|ning**
der **Trak|tor,** die Traktoren
    tram|peln, du trampelst

das **Tram|po|lin**
die **Trä|ne,** die Tränen
er **trank** – trinken
der **Trans|port,** die Transporte
    trans|por|tie|ren,
    du transportierst → 11
er **trat** – treten
die **Trau|be,** die Trauben
sich **trau|en,** du traust dich
die **Trau|er**
    trau|ern, du trauerst
der **Traum,** die Träume
    träu|men, du träumst → 20
    trau|rig
die **Trau|ung**
    tref|fen, du triffst, er traf → 2
der **Tref|fer** – treffen → 2
    trei|ben, du treibst, er trieb
    tren|nen, du trennst → 5
die **Tren|nung** – trennen → 5
die **Trep|pe,** die Treppen → 6
der **Tre|sor,** die Tresore
    tre|ten, du trittst, er trat
    treu → 18
die **Treue** → 18
    treu|los → 18
die **Tri|bü|ne,** die Tribünen
der **Trich|ter,** die Trichter
der **Trick,** die Tricks → 1
    trick|sen,
    du trickst mich aus → 1

✶ Denke an den gemeinsamen Wortstamm. ✶

tr  **tu**

er **trieb** – treiben → 11, 21
du **triffst** – treffen → 2
das **Trikot,** die Trikots
die **Trillerpfeife** → 3
der **Trimm-dich-Pfad** → 4
sich **trimmen,** du trimmst dich → 4
trinken, du trinkst, er trank
trippeln, du trippelst (auf Zehenspitzen trippeln) → 6
der **Tritt,** die Tritte → 9
du **trittst** – treten → 9
der **Triumph,** die Triumphe
triumphieren, du triumphierst → 11
trocken → 1
die **Trockenheit** → 1
trocknen, es trocknet → 1
trödeln, du trödelst
die **Trommel,** die Trommeln → 4
trommeln, du trommelst → 4
die **Trompete,** die Trompeten
tröpfeln, es tröpfelt
der **Tropfen,** die Tropfen
tropfen, es tropft
der **Trost** – trösten
trösten, du tröstest
der **Trottel,** die Trottel → 9
der **Trotz** – trotzen → 10 ★
trotzdem → 10 ★
trotzen, du trotzt → 10 ★
trotzig → 10 ★

trüb [trübe]
der **Trubel**
er **trug** – tragen → 23
die **Truhe,** die Truhen
die **Trümmer** → 4
der **Trumpf,** die Trümpfe
die **Truppe** → 6
der **Truthahn,** die Truthähne → 12

ts
die **Tschechische Republik** [Tschechien] – tschechisch
tschüs [tschüss]
das **T-Shirt,** die T-Shirts

tu
die **Tube,** die Tuben
das **Tuch,** die Tücher
tüchtig
tückisch → 1
tüfteln, du tüftelst
die **Tulpe,** die Tulpen
sich **tummeln,** du tummelst dich → 4
der **Tumor,** die Tumore
der **Tümpel,** die Tümpel
der **Tumult,** die Tumulte
tun, du tust er tat
der **Tunfisch** [Thunfisch]
der **Tunnel,** die Tunnel[s] → 5
tupfen, du tupfst
die **Tür,** die Türen
der **Turban,** die Turbane

T

★ Denke an den gemeinsamen Wortstamm. ★

tu   **um**

die **Tur|bi|ne,** die Turbinen
die **Tür|kei** – türkisch
   tür|kis
der **Turm,** die Türme
   tur|nen, du turnst
das **Tur|nier,** die Turniere
die **Tu|sche** (Tuschzeichnung)
   tu|scheln, du tuschelst
die **Tü|te,** die Tüten
   tu|ten, es tutet
der **TÜV** (**T**echnischer **Ü**ber-
   wachungs**v**erein)
   tv
   TV (**T**ele**v**ision)
   ty
der **Typ,** die Typen
   ty|pisch

U

   ub
die **U-Bahn** (**U**ntergrund**b**ahn)
   ü|bel, mir ist übel
   ü|ben, du übst
   ü|ber ✱
   ü|ber|all → 3
   ü|ber|flüs|sig → 8
   ü|ber|flu|tet
   ü|ber|füllt → 3
   ü|ber|haupt
   ü|ber|lis|ten, du überlistest
   ü|ber|morgen
der **Über|mut** – übermütig
   über|que|ren, du überquerst
   über|ra|schen, du überraschst
die **Über|ra|schung** – überraschen
die **Über|schwem|mung** –
   überschwemmen → 4
   über|sicht|lich
   über|zeu|gen,
   du überzeugst → 18
   üb|lich
das **U-Boot** (**U**ntersee**b**oot) → 14
   üb|rig
   üb|ri|gens
die **Übung** – üben
   uf
das **U|fer,** die Ufer
das **U|fo,** die Ufos
   uh
die **Uhr,** die Uhren → 15
der **U|hu,** die Uhus
   ul
   ul|kig
   um
   um ✱
die **Um|ge|bung** – umgeben
   um|ge|kehrt → 13
der **Um|hang,** die Umhänge

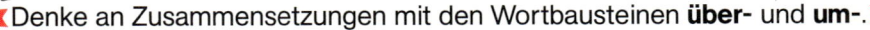
✱ Denke an Zusammensetzungen mit den Wortbausteinen **über-** und **um-**. ✱

um  **un**

    um|her
    um|keh|ren, du kehrst um → 13
der **Um|laut,** die Umlaute
der **Um|riss,** die Umrisse → 8
der **Um|schlag,** die Umschläge
    um|sonst
    um|ständ|lich → 19
der **Um|weg,** die Umwege → 23
der **Um|welt|schutz** → 10
    um|zie|hen, du ziehst um → 11
der **Um|zug,** die Umzüge
    un
    un|be|dingt
    un|be|quem
    und
    un|end|lich
    un|ent|gelt|lich
    un|ent|schie|den → 11
    un|er|hört
    un|er|träg|lich → 19
    un|fair
der **Un|fall,** die Unfälle → 3
der **Un|fug**
    Un|garn – ungarisch
    un|ge|fähr
das **Un|ge|heu|er,**
    die Ungeheuer → 18
    un|ge|heu|er|lich → 18
das **Un|ge|zie|fer** → 11
    un|ge|zo|gen
    un|glaub|lich

das **Un|glück,** die Unglücke → 1
die **Uni|form,** die Uniformen
die **Uni|ver|si|tät,**
    die Universitäten
das **Un|kraut,** die Unkräuter
das **Un|recht**
die **Un|ru|he,** die Unruhen
    un|ru|hig
    uns, unser, unsere
die **Un|schuld** → 22
    un|schul|dig
der **Un|sinn** → 5
    un|sin|nig → 5
    un|ten
    un|ter
die **Un|ter|bre|chung** –
    unterbrechen
    un|ter|des|sen → 8
    un|ter|ei|nan|der ★
die **Un|ter|füh|rung**
der **Un|ter|gang** – untergehen
    un|ter|halb → 21
sich **un|ter|hal|ten,**
    du unterhältst dich
die **Un|ter|hal|tung** – unterhalten
der **Un|ter|richt** – unterrichten
    un|ter|schei|den,
    du unterscheidest
der **Un|ter|schied,**
    die Unterschiede → 11
der **Un|ter|schlupf**

U

★ Dieses Wort kannst du auch anders trennen: **un-ter-ein-an-der**. ★

unt   ver

die **Un|ter|schrift,**
   die Unterschriften
die **Un|ter|stüt|zung** – unterstützen
die **Un|ter|su|chung** –
   untersuchen
   un|ter|wegs
   un|ver|schämt → 19
das **Un|wet|ter,** die Unwetter → 9
   un|zäh|lig → 19
   up
   üp|pig → 6
   ur
   ur|alt
die **Ur|groß|el|tern** → 16
die **Ur|groß|mut|ter** → 16, 9
der **Ur|groß|va|ter** → 16
der **Ur|in**
die **Ur|kun|de,** die Urkunden
der **Ur|laub** → 21
die **Ur|sa|che,** die Ursachen
der **Ur|sprung** – ursprünglich
das **Ur|teil,** die Urteile
   ur|tei|len, du urteilst
der **Ur|wald,** die Urwälder → 22
   us
die **USA**
   (**U**nited **S**tates of **A**merica)
   uv
die **UV-Strah|len** (**u**ltra**v**iolette
   Strahlen) → 12

V

   va
   va|ge
die **Va|gi|na**
der **Vam|pir,** die Vampire
die **Va|nil|le** (das Vanilleeis) → 3
die **Va|se,** die Vasen
der **Va|ter,** die Väter
   ve
der **Ve|ge|ta|ri|er,** die Vegetarier
die **Ve|ge|ta|ri|e|rin**
das **Veil|chen,** die Veilchen
das **Ven|til,** die Ventile
der **Ven|ti|la|tor,** die Ventilatoren
sich **ver|ab|re|den,**
   du verabredest dich ★
die **Ver|ab|re|dung,**
   die Verabredungen ★
sich **ver|ab|schie|den,**
   du verabschiedest dich → 11 ★
die **Ver|ach|tung** – verachten ★
die **Ve|ran|da,** die Veranden
die **Ver|an|stal|tung** – veranstalten ★
   ver|ant|wort|lich ★
die **Ver|ant|wor|tung** – verantworten ★
   ver|äp|peln, du veräppelst ★
das **Verb,** die Verben → 21
der **Ver|band,** die Verbände → 22 ★

★ Denke an Zusammensetzungen mit dem Wortbaustein: **ver-**. ★

verb — verg

er **ver|barg** – verbergen → 23
ver|ber|gen, du verbirgst, er verbarg
ver|bes|sern, du verbesserst → 8
die **Ver|bes|se|rung** → 8
sich **ver|beu|gen** → 18
die **Ver|beu|gung** → 18
ver|bie|ten, du verbietest, er verbot → 11
ver|bin|den, du verbindest
du **ver|birgst** – verbergen
ver|blüfft – verblüffen → 2
ver|bor|gen – verbergen
das **Ver|bot** – verbieten
er **ver|bot** – verbieten
ver|bo|ten – verbieten
der **Ver|brau|cher** – verbrauchen
das **Ver|bre|chen,** die Verbrechen
der **Ver|bre|cher,** die Verbrecher
die **Ver|bre|che|rin**
der **Ver|dacht** – verdächtigen
ver|däch|ti|gen, du verdächtigst → 19
ver|dammt → 4
er **ver|darb** – verderben → 21
ver|dau|en, du verdaust
die **Ver|dau|ung** – verdauen
ver|der|ben, es verdirbt, es verdarb
ver|die|nen, du verdienst → 11
der **Ver|dienst** – verdienen → 11
du **ver|dirbst** – verderben
ver|dor|ben – verderben
ver|dor|ren, es verdorrt → 7
ver|dun|keln, du verdunkelst
ver|duns|ten, es verdunstet
die **Ver|duns|tung** – verdunsten
ver|durs|ten, du verdurstest
ver|dutzt → 10
ver|eh|ren, du verehrst → 13
der **Ver|ein,** die Vereine
ver|ein|ba|ren, du vereinbarst
der **Ver|fas|ser,** die Verfasser → 8
die **Ver|fas|se|rin** → 8
ver|fau|len, es verfault
ver|flixt
ver|fol|gen, du verfolgst
die **Ver|gan|gen|heit**
er **ver|gaß** – vergessen → 16
ver|ge|bens
ver|geb|lich
ver|ges|sen, du vergisst, er vergaß → 8
ver|gess|lich – vergessen
ver|geu|den, du vergeudest → 18
das **Ver|giss|mein|nicht**
du **ver|gisst** – vergessen → 8

 Wörter mit der Nachsilbe **-lich** sind Eigenschaftswörter.

vergleichen, du vergleichst, er verglich
verglichen – vergleichen
das **Vergnügen** – sich vergnügen
vergnügt
vergrößern, du vergrößerst → 16
die **Vergrößerung** → 16
verhaften
die **Verhaftung,** die Verhaftungen
sich **verhalten,** du verhältst dich, er verhielt sich
das **Verhältniswort,** die Verhältniswörter
du **verhältst** dich – verhalten → 19
verheerend → 13 ⭐
verheimlichen, du verheimlichst
verheiratet
verhext
er **verhielt** sich – verhalten → 11 ⭐
verhindern, du verhinderst
verhöhnen, du verhöhnst
sich **verirren,** du verirrst dich → 7
verkaufen, du verkaufst
der **Verkäufer,** die Verkäufer → 20
die **Verkäuferin** → 20
der **Verkehr** → 13 ⭐
verkehrt → 13 ⭐
sich **verkleiden,** du verkleidest dich
verkrampft

verlangen, du verlangst
verlängern, du verlängerst → 19
die **Verlängerung** – verlängern → 19
verlassen, du verlässt, er verließ → 8
verletzen, du verletzt → 10
verletzt → 10
die **Verletzung** – verletzen → 10
verlieren, du verlierst, er verlor → 11 ⭐
er **verließ** – verlassen → 11, 16 ⭐
die **Verlobung** – sich verloben
er **verlor** – verlieren
verloren – verlieren
die **Verlosung** – verlosen
der **Verlust** – verlieren
[sich] **vermehren,** sie vermehren [sich] → 13 ⭐
vermeiden, du vermeidest, er vermied
vermieden – vermeiden → 11 ⭐
vermissen, du vermisst → 8
das **Vermögen**
vermuten, du vermutest
vermutlich
die **Vermutung** – vermuten
vernichten, du vernichtest
vernünftig
verpassen, du verpasst → 8

⭐ Diese Wörter enthalten ein Dehnungszeichen. ⭐

verp  **vert**

verpetzen, du verpetzt → 10
die Verpflegung – verpflegen
verplempern, du verplemperst
der Verrat ✸
verraten, du verrätst,
er verriet ✸
der Verräter, die Verräter → 19 ✸
verreisen, du verreist ✸
er verriet – verraten → 11 ✸
verrückt → 1 ✸
der Vers, die Verse (Liedvers)
der Versand – versenden → 22
versäumen, du versäumst
verscheuchen,
du verscheuchst → 18
verschieden → 11
verschlafen, du verschläfst,
er verschlief
du verschläfst – verschlafen → 19
verschlampen,
du verschlampst
sich verschlechtern,
du verschlechterst dich
er verschlief – verschlafen → 11
verschließen, du verschließt,
er verschloss → 11, 16
verschlossen – verschließen
der Verschluss,
die Verschlüsse → 8
er verschwand –
verschwinden → 22

verschwenden,
du verschwendest
verschwinden,
du verschwindest,
er verschwand
verschwommen –
verschwimmen → 4
verschwunden – verschwinden
aus Versehen
versehentlich
versengen, du versengst
(die Tischdecke versengen)
versenken, du versenkst
(ein Schiff versenken)
die Versicherung – versichern
versickern, es versickert → 1
sich versöhnen,
du versöhnst dich
die Verspätung – sich verspäten
das Versprechen – versprechen
der Verstand – verstehen
er verstand – verstehen → 22
verständlich → 19
verstauchen, du verstauchst
das Versteck – verstecken → 1
verstehen, du verstehst,
er verstand
der Versuch – versuchen
versuchen, du versuchst
verteidigen, du verteidigst
der Verteidiger, die Verteidiger

✸ -rr- entsteht hier durch Zusammensetzungen mit ver-. ✸

die **Ver|tei|di|ge|rin**
der **Ver|trag,** die Verträge → 23
sich **ver|tra|gen,** du verträgst dich,
er vertrug sich
das **Ver|trau|en**
    ver|trau|en, du vertraust
    ver|trau|lich
der **Ver|tre|ter,** die Vertreter
die **Ver|tre|te|rin,** die Vertreterinnen
er **ver|trug** sich – sich vertragen
    ver|un|glü|cken,
    du verunglückst → 1
    ver|ur|tei|len, du verurteilst
    ver|viel|fa|chen,
    du vervielfachst
sich **ver|wan|deln,**
    du verwandelst dich
    ver|wandt sein
der **Ver|wand|te,** die Verwandten
    ver|wech|seln, du verwechselst
der **Ver|weis,** die Verweise
    ver|wel|ken, es verwelkt
die **Ver|wen|dung** – verwenden
    ver|wirrt – verwirren → 7
    ver|wit|tern, es verwittert → 9
    ver|wöh|nen, du verwöhnst
    ver|wun|dert – sich wundern
    ver|wun|det
die **Ver|wun|dung** –
    der Verwundete
    ver|zeh|ren, du verzehrst → 13

das **Ver|zeich|nis,**
    die Verzeichnisse
    ver|zei|hen, du verzeihst,
    er verzieh
    ver|zich|ten, du verzichtest
    ver|zie|ren, du verzierst → 11
die **Ver|zie|rung** – verzieren → 11
    ver|zwei|feln, du verzweifelst
    ver|zwickt → 1
    ves|pern, du vesperst
der **Vet|ter,** die Vettern → 9
vi
das **Vi|deo** (der Videorekorder)
der **Vi|deo|clip,** die Videoclips
die **Vi|deo|thek,** die Videotheken
das **Vieh** → 11
    viel, mehr, am meisten → 11
    viel|fäl|tig → 11, 19
der **Viel|fraß,** die Vielfraße → 11, 16
    viel|leicht → 11
    vier, viermal → 11
das **Vier|eck,** die Vierecke → 11, 1
das **Vier|tel,** die Viertel → 11
    vier|tens → 11
    vier|zehn → 11, 13
    vier|zig → 11
die **Vil|la,** die Villen → 3
    vi|o|lett → 9
die **Vi|o|li|ne,** die Violinen
das [der] **Vi|rus,** die Viren
das **Vi|ta|min,** die Vitamine

Wörter mit der Endung **-in** und **-ine** werden ohne Dehnungszeichen geschrieben.

vo

- der **Vo|gel,** die Vögel
- die **Vo|ka|bel,** die Vokabeln
- der **Vo|kal,** die Vokale
- das **Volk,** die Völker
- **voll** → 3
- der **Vol|ley|ball,** die Volleybälle → 3
- **völ|lig** → 3
- **voll|kom|men** → 3, 4
- **voll|stän|dig** → 3, 19
- **voll|zäh|lig** → 3, 19
- **vom**
- **von**
- **vor**
- **vo|ran** ⭐
- **vo|raus** ⭐
- **vo|raus|sicht|lich** ⭐
- **vor|bei**
- das **Vor|bild,** die Vorbilder → 23
- **vor|bild|lich**
- der **vor|de|re** Wagen
- der **Vor|der|mann** → 5
- **vor|ei|lig**
- **vor|erst**
- die **Vor|fahrt** → 12
- **vor|han|den**
- der **Vor|hang,** die Vorhänge
- **vor|her**
- **vo|ri|ges** Jahr
- **vor|läu|fig** → 20
- **vor|laut** – am vorlautesten
- der **Vor|mit|tag,**
  am Vormittag → 9
- **vor|mit|tags** → 9
- der **Vor|mund**
- **vorn**
- der **Vor|na|me,** die Vornamen
- **vor|nehm** → 13
- der **Vor|ort,** die Vororte
- der **Vor|rat,** die Vorräte
- der **Vor|satz,** die Vorsätze → 10
- zum **Vor|schein** kommen
- der **Vor|schlag,**
  die Vorschläge → 23
- die **Vor|schrift,** die Vorschriften
- die **Vor|sicht**
- **vor|sich|tig**
- die **Vor|sil|be,** die Vorsilben
- der **Vor|stand,** die Vorstände → 22
- [sich] **vor|stel|len,**
  du stellst [dich, dir] vor → 3
- die **Vor|stel|lung** – vorstellen → 3
- der **Vor|teil,** die Vorteile
- der **Vor|trag,** die Vorträge → 23
- **vo|rü|ber** ⭐
- die **Vor|wahl** → 12
- **vor|wärts**
- der **Vor|wurf,** die Vorwürfe

vu

- der **Vul|kan,** die Vulkane

⭐ Diese Wörter kannst du auch nach dem **r** trennen, z. B.: **vor-an.** ⭐

W

wa

die **Waa|ge** – wiegen → 12
   waa|ge|recht [waag|recht] → 12
die **Wa|be,** die Waben
   wach
   wa|chen, du wachst
das **Wachs,** die Wachse
   wach|sam
   wach|sen, du wächst, er wuchs
der **Wäch|ter** – wachen → 19
   wa|cke|lig [wack|lig] → 1
   wa|ckeln, du wackelst → 1
die **Wa|de,** die Waden
die **Waf|fe,** die Waffen → 2
die **Waf|fel,** die Waffeln → 2
   wa|ge|mu|tig
der **Wa|gen,** die Wagen
   wa|gen, du wagst
der **Wag|gon** [Wagon], die Waggons
   wag|hal|sig
der **Wa|gon** → Waggon
die **Wahl** – wählen → 12
   wäh|len, du wählst → 19
der **Wahn|sinn** – wahnsinnig → 12, 5

   wahr (eine wahre Geschichte) → 12
   wäh|rend
   wahr|haf|tig → 12
die **Wahr|heit** → 12
   wahr|schein|lich → 12
das **Wai|sen|haus,** die Waisenhäuser → 17
das **Wai|sen|kind** → 17, 22
der **Wal,** die Wale (Walfang)
der **Wald,** die Wälder → 22
der **Walk|man**
der **Wall,** die Wälle (Schutzwall) → 3
   wall|fah|ren → 3, 12
die **Wall|fahrt** → 3, 12
die **Wal|nuss,** die Walnüsse → 8
die **Wal|ze** – wälzen
[sich] **wäl|zen,** du wälzt [dich] → 19
die **Wand,** die Wände → 22
   er **wand** sich – sich winden → 22
der **Wan|de|rer** – wandern
   wan|dern, du wanderst
die **Wan|de|rung** – wandern
   er **wand|te** sich – sich wenden
die **Wan|ge,** die Wangen
   wan|ken, du wankst
   wann → 5
die **Wan|ne,** die Wannen → 5
das **Wap|pen,** die Wappen → 6
   ich **war** – sein

Denke an den gemeinsamen Wortstamm.

war   wei

er **warb** – werben → 21
die **Wa|re,** die Waren
er **warf** – werfen
warm, wärmer, am wärmsten
die **Wär|me** – wärmen → 19
wär|men, du wärmst → 19
wär|mer, am wärmsten – warm → 19
war|nen, du warnst
du **warst** – sein
war|ten, du wartest
der **Wär|ter** – warten → 19
wa|rum
die **War|ze,** die Warzen
was
die **Wä|sche** – waschen → 19
[sich] **wa|schen,** du wäschst [dich], er wusch [sich]
das **Was|ser** → 8
wa|ten, du watest
die **Wat|sche,** die Watschen
wat|scheln, du watschelst
das **Watt** (Wattenmeer) → 9
die **Wat|te** → 9
we
we|ben, du webst
das **Wech|sel|geld** – wechseln → 22
wech|seln, du wechselst
we|cken, du weckst → 1
der **We|cker** – wecken → 1
we|deln, du wedelst

we|der
der **Weg,** die Wege → 23
weg
we|gen
der **Weg|wei|ser,** die Wegweiser
weh, es tut weh
we|hen, es weht
sich **weh|ren,** du wehrst dich → 13
das **Weib,** die Weiber → 21
weib|lich
weich
die **Wei|che** – weichen
die **Wei|de** – weiden
sich **wei|gern,** du weigerst dich
wei|hen, er weiht
der **Wei|her,** die Weiher
Weih|nach|ten
weih|nacht|lich
der **Weih|rauch**
weil
eine **Wei|le**
der **Wein,** die Weine
wei|nen, du weinst
wei|se (ein weiser Rat)
weis|ma|chen, du machst ihm weis
weiß (weiße Farbe) → 16
er **weiß** – wissen → 16
du **weißt** – wissen → 16
weit
wei|ter ★

★ Hier stehen keine Zusammensetzungen mit **weiter**-. Schlage getrennt nach. ★

    weit|sich|tig
der **Weit|sprung**
der **Wei|zen**
    wel|che, welcher, welches
    welk
    wel|ken, sie welkt
die **Wel|le,** die Wellen → 3
der **Wel|len|sit|tich** → 3, 9
    wel|lig → 3
der **Wel|pe,** die Welpen
die **Welt**
das **Welt|all** → 3
    wem – wer
    wen – wer
die **Wen|del|trep|pe** → 6
    wen|den, du wendest
    wen|dig
    we|nig
    we|nigs|tens
    wenn
    (wenn ich wüsste …)
    wer
die **Wer|bung** – werben
    wer|den, du wirst, er wurde
    wer|fen, du wirfst, er warf
die **Werft,** die Werften
das **Werk,** die Werke
die **Werk|statt,**
    die Werkstätten → 9
der **Werk|tag,** die Werktage → 23
    werk|tags

das **Werk|zeug,**
    die Werkzeuge → 18, 23
    wert
der **Wert,** die Werte
    wert|voll → 3
das **We|sen,** die Wesen
    we|sent|lich
die **We|ser**
    wes|halb
die **Wes|pe,** die Wespen
    wes|sen → 8
die **Wes|te,** die Westen
der **Wes|ten**
der **Wes|tern,** die Western
    West|fa|len – westfälisch
    west|lich
die **Wet|te** – wetten → 9 ✸
    wet|ten, du wettest → 9 ✸
das **Wet|ter** → 9
der **Wett|kampf,**
    die Wettkämpfe → 9 ✸
    wet|zen, du wetzt → 10

wi

der **Wicht,** die Wichte
    wich|tig
der **Wi|ckel** – wickeln → 1
    wi|ckeln, du wickelst → 1
    wi|der (gegen)
    wi|der|le|gen, du widerlegst
    wi|der|lich
    wi|der|ru|fen, du widerrufst

✸Denke an den gemeinsamen Wortstamm. ✸

wi|der|spre|chen, du widersprichst, er widersprach
der **Wi|der|spruch,** die Widersprüche
der **Wi|der|stand,** die Widerstände → 22
der **Wi|der|wil|le** – widerwillig → 3
die **Wid|mung** – widmen
wie
wie|der (nochmals) → 11
wie|der|ho|len, du wiederholst
die **Wie|der|ho|lung** → 11
auf **Wie|der|se|hen** → 11
die **Wie|ge** – wiegen → 11
wie|gen, du wiegst, er wog → 11
wie|hern, es wiehert → 11
die **Wie|se,** die Wiesen → 11
das **Wie|sel,** die Wiesel → 11
wie|so → 11
wie viel, wie viele → 11
das **Wild**
wild – am wildesten → 22
das **Wild|kraut,** die Wildkräuter
die **Wild|nis**
der **Wil|le** – wollen → 3
wil|lig → 3
will|kom|men → 3, 4
will|kür|lich → 3
du **willst** – wollen → 3

wim|meln, es wimmelt → 4
wim|mern, du wimmerst → 4
der **Wim|pel,** die Wimpel
die **Wim|per,** die Wimpern
der **Wind,** die Winde → 22
die **Win|del,** die Windeln
sich **win|den,** du windest dich, er wand sich
win|dig
die **Wind|po|cken** → 1
der **Win|kel,** die Winkel ★
win|ke|lig [wink|lig] ★
win|ken, du winkst ★
win|seln, du winselst
der **Win|ter**
win|ter|lich
der **Win|zer,** die Winzer
die **Win|ze|rin,** die Winzerinnen
win|zig
der **Wip|fel,** die Wipfel
die **Wip|pe** – wippen → 6
wip|pen, du wippst → 6
wir (wir alle)
der **Wir|bel,** die Wirbel
wir|beln, du wirbelst
die **Wir|bel|säu|le,** die Wirbelsäulen
es **wird** – werden
du **wirfst** – werfen
wir|ken, du wirkst ★
wirk|lich ★
die **Wirk|lich|keit** ★

★ Nach einem Mitlaut steht nur **k**, nie **ck**. ★

wir  wu

wirksam ✶
die Wirkung
wirr – verwirrt → 7
der Wirrwarr → 7
der Wirsing
du wirst – werden
der Wirt, die Wirte (Gastwirt)
die Wirtin, die Wirtinnen
die Wirtschaft – wirtschaften
das Wirtshaus, die Wirtshäuser
wischen, du wischst
wispern, du wisperst
wissen, du weißt,
er wusste → 8
wittern, es wittert → 9
die Witterung → 9
die Witwe, die Witwen
der Witwer, die Witwer
der Witz, die Witze → 10
der Witzbold,
die Witzbolde → 10, 22
witzig → 10
wo
wo
woanders
die Woche, die Wochen
wochenlang
wöchentlich
wodurch
wofür
er wog – wiegen → 23

die Woge, die Wogen
woher
wohin
wohl → 14
wohlhabend → 14
wohnen, du wohnst → 14
wohnlich → 14
die Wohnung,
die Wohnungen → 14
der Wolf, die Wölfe
die Wolke, die Wolken
wolkig
die Wolle → 3
wollen, du willst → 3
die Wonne → 5
das Wort, die Wörter
wörtlich
worüber
wozu
wr
das Wrack, die Wracks → 1
wu
er wuchs – wachsen
die Wucht
wuchtig
wühlen, du wühlst
wund → 22
die Wunde, die Wunden
das Wunder, die Wunder
wunderbar ✶
sich wundern, du wunderst dich

✶ Wörter mit den Nachsilben **-sam** und **-bar** sind Eigenschaftswörter. ✶

wu  za

der **Wunsch,** die Wünsche
  wün|schen, du wünschst
er **wur|de** – werden
der **Wurf,** die Würfe
der **Wür|fel** – würfeln
  wür|feln, du würfelst
  wür|gen, du würgst
der **Wurm,** die Würmer
  wurm|sti|chig
die **Wurst,** die Würste
die **Wur|zel,** die Wurzeln
  wür|zen, du würzt
  wür|zig
er **wusch** – waschen
er **wuss|te** – wissen → 8
  wüst
die **Wüs|te,** die Wüsten
die **Wut**
  wü|ten, du wütest
  wü|tend

X

x
die **X-Beine**
  x-mal
das **Xy|lo|phon** [Xylofon]

Y

y
die **Yacht** → Jacht
der [das] **Yo|ga [Jo|ga]**
das **Yp|si|lon,** die Ypsilons
der **Y|tong** (Stein)

Z

za
die **Za|cke,** die Zacken → 1
  zag|haft
  zäh – am zähesten
die **Zahl** – zählen → 12
  zah|len, du zahlst → 12
  zäh|len, du zählst → 19
der **Zäh|ler,** die Zähler → 19
die **Zah|lung** – zahlen → 12
das **Zahl|wort,** die Zahlwörter → 12
  zahm → 12
  zäh|men, du zähmst → 19
der **Zahn,** die Zähne → 12
die **Zahn|pas|ta,**
  die Zahnpasten → 12
die **Zan|ge,** die Zangen
der **Zank** – sich zanken

Nach einem Mitlaut steht nur **z**, nie **tz**.

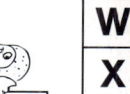

za  **ze**

sich **zan|ken,** du zankst dich
das **Zäpf|chen** → 19
der **Zap|fen,** die Zapfen
zap|pe|lig [zapp|lig] → 6
zap|peln, du zappelst → 6
zap|pen, du zappst → 6
zart
zärt|lich → 19
die **Zärt|lich|keit** → 19
der **Zau|be|rer,** die Zauberer
die **Zau|be|rin,** die Zauberinnen
zau|bern, du zauberst
der **Zaum** (das Zaumzeug)
der **Zaun,** die Zäune
ze
das **Zeb|ra,** die Zebras
der **Zeb|ra|strei|fen**
die **Ze|che,** die Zechen
die **Ze|cke,** die Zecken → 1
die **Ze|he** [der **Zeh**], die Zehen
zehn, zehnmal → 13
zeh|ren, du zehrst → 13
das **Zei|chen,** die Zeichen
zeich|nen, du zeichnest
die **Zeich|nung** – zeichnen
zei|gen, du zeigst
der **Zei|ger** – zeigen
die **Zei|le,** die Zeilen
die **Zeit,** die Zeiten
zei|tig
die **Zeit|schrift,** die Zeitschriften

die **Zei|tung,** die Zeitungen
der **Zeit|ver|treib**
zeit|wei|se
das **Zeit|wort,** die Zeitwörter
die **Zel|le,** die Zellen → 3
das **Zel|lo|phan** [Cellophan]
das **Zelt,** die Zelte
zel|ten, du zeltest
der **Ze|ment**
ze|men|tie|ren,
es ist zementiert → 11
zen|sie|ren,
du zensierst → 11
die **Zen|sur,** die Zensuren
der **Zen|ti|me|ter,** die Zentimeter
der **Zent|ner,** die Zentner
zen|tral
die **Zen|tra|le,** die Zentralen
das **Zen|trum,** die Zentren
der **Zep|pe|lin,** die Zeppeline
er **zer|brach** – zerbrechen ✦
zer|bre|chen, du zerbrichst,
er zerbrach ✦
zer|bro|chen – zerbrechen ✦
zer|fetzt → 10 ✦
zer|klei|nern, du zerkleinerst ✦
zer|knirscht ✦
zer|knül|len, du zerknüllst
(Papier zerknüllen) → 3 ✦
zer|quet|schen,
du zerquetschst ✦

✦ Denke an Zusammensetzungen mit dem Wortbaustein **zer-**.

zerreißen, du zerreißt,
er zerriss → 16 ✹
zerren, du zerrst → 7
er **zerriss** – zerreißen → 8 ✹
zerrissen – zerreißen → 8 ✹
die **Zerrung** – zerren → 7
zerschmettern,
du zerschmetterst → 9
zersplittern,
es zersplittert → 9
zerstören, du zerstörst
zerstreut, zerstreuen → 18
zertrümmern,
du zertrümmerst → 4
zerzaust – zerzausen
der **Zettel,** die Zettel → 9
das **Zeug** → 18, 23
der **Zeuge,** die Zeugen → 18
die **Zeugin,** die Zeuginnen → 18
das **Zeugnis,** die Zeugnisse → 18

zi

im **Zickzack** fahren → 1
die **Ziege,** die Ziegen → 11
der **Ziegel,** die Ziegel → 11
ziehen, du ziehst, er zog → 11
das **Ziel,** die Ziele → 11
zielen, du zielst → 11
ziemlich → 11
sich **zieren,** du zierst dich → 11
der **Ziergarten,**
die Ziergärten → 11

die **Zierleiste,** die Zierleisten → 11
zierlich → 11
die **Ziffer,** die Ziffern → 2
die **Zigarette,** die Zigaretten → 9
die **Zigarre,** die Zigarren → 7
der **Zigeuner,** die Zigeuner → 18
die **Zigeunerin** → 18
das **Zimmer,** die Zimmer → 4
zimperlich
der **Zimt**
das **Zinn** → 5
der **Zins,** die Zinsen
der **Zipfel,** die Zipfel
zirka [circa]
der **Zirkel,** die Zirkel
der **Zirkus** [Circus], die Zirkusse
zirpen, es zirpt
zischen, du zischst
die **Zither,** die Zithern
die **Zitrone,** die Zitronen
zitterig [zittrig] → 9
zittern, du zitterst → 9
die **Zitze,** die Zitzen → 10
der **Zivildienstleistende** (Zivi)

zo

er **zog** – ziehen → 23
zögern, du zögerst
der **Zoll,** die Zölle → 3
der **Zöllner,** die Zöllner → 3
die **Zone,** die Zonen
der **Zoo,** die Zoos → 14

✹ **-rr-** entsteht hier durch Zusammensetzungen mit **zer-**. ✹

der **Zopf,** die Zöpfe
der **Zorn**
    zor|nig
    zu
    zu, zu Ende, zu viel
    zu|al|ler|erst, zuallerletzt
das **Zu|be|hör**
die **Zu|be|rei|tung** – zubereiten
die **Zucht** – züchten
    züch|ten, du züchtest
    zu|cken, du zuckst → 1
der **Zu|cker** – zuckern → 1
    zu|ei|nan|der ⭐
    zu|erst
der **Zu|fall,** die Zufälle → 3
    zu|fäl|lig → 19, 3
    zu|frie|den → 11
die **Zu|frie|den|heit** → 11
der **Zug,** die Züge → 23
    zu|ge|ben, du gibst zu,
    er gab zu
der **Zü|gel** – zügeln
    zü|gig
    zu|gleich
    zu Hau|se (zu Hause sein)
das **Zu|hau|se**
    zu|hö|ren, du hörst zu
der **Zu|hö|rer,** die Zuhörer
die **Zu|hö|re|rin,** die Zuhörerinnen
die **Zu|kunft**
    zu|künf|tig

    zu|letzt → 10
    zu|lie|be → 11
    zum
    zu|min|dest
    zu|mu|ten, du mutest zu
    zu|nächst
    zün|deln, du zündelst
das **Zünd|holz,** die Zündhölzer
die **Zün|dung** – zünden
    zünf|tig
die **Zun|ge** – züngeln
    zün|geln, sie züngelt
    zup|fen, du zupfst
    zur
sich **zu|recht|fin|den,**
    du findest dich zurecht,
    er fand sich zurecht
    zu|rück → 1
    zu|sam|men → 4
der **Zu|sam|men|prall** –
    zusammenprallen → 4, 3
    zu|sätz|lich → 19, 10
der **Zu|schau|er** – zuschauen
die **Zu|schau|e|rin**
    zu|se|hends
der **Zu|stand,**
    die Zustände → 22
    zu|stän|dig → 19
die **Zu|tat,** die Zutaten
sich **zu|trau|en,** du traust dir zu
    zu|trau|lich

⭐ Du kannst auch anders trennen: **zu-ein-an-der.** ⭐

zuverlässig → 19, 8
zu viel → 11
zuvor
zu wenig
zuwider
zw
er **zwang** mich – zwingen
zwängen,
du zwängst dich → 19
zwanzig
zwar
der **Zweck** → 1
zweckmäßig → 1, 19, 16
zwei, zweimal
zweierlei
der **Zweifel** – zweifeln
zweifelhaft
zweifellos
zweifeln, du zweifelst
der **Zweig,** die Zweige → 23
zweitens
der **Zwerg,** die Zwerge → 23
die **Zwetschge [Zwetsche]**
zwicken, du zwickst → 1
der **Zwieback** → 11, 1
die **Zwiebel,** die Zwiebeln → 11
der **Zwilling,** die Zwillinge → 3
zwingen, du zwingst,
er zwang
der **Zwinger,** die Zwinger
zwinkern, du zwinkerst

der **Zwirn,** die Zwirne
zwischen ✸
zwischendurch
zwitschern, er zwitschert
zwölf
zy
der **Zylinder,** die Zylinder

✸ Denke an Zusammensetzungen mit dem Wortbaustein **zwischen**-. ✸

Partnerspiele zum Hören und Sprechen

Dein Partner sagt dir:	**Du sagst ihm:**
ein Wort.	<ul><li>unter welchem Buchstaben man es findet.</li><li>wie man es trennen kann.</li><li>welche Selbstlaute du im Wort hörst.</li></ul>
 ein Wort, in dem jeder Laut zu hören ist.	<ul><li>wie der zweite, dritte … Buchstabe heißt.</li><li>wie viele Buchstaben das Wort hat.</li></ul>
 ein Wort aus dem Wörterverzeichnis, das ein Dehnungszeichen oder eine Mitlautverdopplung hat.	 <ul><li>ob der betonte Selbstlaut kurz oder lang klingt.</li></ul>
ein Wort, das ein b, p, g, k, d oder t zwischen zwei Selbstlauten enthält.	 <ul><li>welchen von diesen Lauten du hörst.</li></ul>
ein Wort aus der Reimwörterliste.	 <ul><li>passende Reimwörter.</li></ul>
ein Wort, zum Beispiel: Ferien.	<ul><li>ein Wort, das mit dem letzten Buchstaben des gehörten Wortes beginnt, zum Beispiel: neugierig.</li><li>Jetzt ist wieder dein Partner dran.</li></ul>

Partnerspiele zum Schreiben

Dein Partner	**Du**
 schreibt ein Wort auf: *Wind* *Wald*	 ● veränderst nur einen Buchstaben im Wort: *Wand, Wild*
sucht ein Wort mit Mitlautverdopplung und schreibt es so auf: *We..er*	● schreibst das vollständige Wort auf: *Wasser*
schreibt eine Wörterschlange mit Großbuchstaben: BAUMPFLANZEGRÜNDÜNGEN	● schreibst die einzelnen Wörter auf. Achte dabei auf die Großschreibung der Namenwörter: *der Baum, die Pflanze, grün, düngen*
schreibt Wörter mit mehreren Silben auf: *die Katze, zutraulich*	 ● schreibst die Wörter mit Trennungsstrichen auf: *die Kat-ze, zu-trau-lich*
schreibt Wörter auf, in welchen andere versteckt sind: *Preis*	● schreibst möglichst viele Wörter auf: *der Reis, das Eis, das Ei*
schreibt zusammengesetzte Wörter auf: *Geburtstagsfeier zuckersüß*	● schreibst die einzelnen Wörter auf: *die Geburt, der Tag, die Feier der Zucker, süß*
schreibt drei Wörter aus der Reimwörterliste auf: *der Hahn, der Zahn, die Bahn*	● kennzeichnest gleiche Wortteile: *der H**ahn**, der Z**ahn**, die B**ahn***

Partnerspiele zum Nachdenken

Dein Partner nennt dir:	**Du sagst ihm:**
ein Namenwort: *Baum*	• wie der Begleiter heißt: *der Baum* • wie die Mehrzahl heißt: *die Bäume* • ein zusammengesetztes Namenwort: *Baumstumpf, Weihnachtsbaum*
ein Zeitwort in der Grundform: *gehen*	• wie die Du-Form heißt: *du gehst* • wie die Vergangenheit heißt: *ich ging*
 ein Wort, hinter dem ein verwandtes Wort steht: *der Quatsch*	 • ein verwandtes Wort: *quatschen*
ein Wort aus der Liste der gleich klingenden Wörter (Seite 228): *die Ferse*	 • die beiden Bedeutungen: 1. *die Ferse: Teil des Fußes* 2. *die Verse: Verse dichten*
ein Wort mit Pfeil und Ziffer, ohne diese zu verraten: *der Keller*	• die Ziffer: *3, das Wort enthält ll*
ein Wort mit ä aus der Wortliste Seite 197: *die Glässe*	• das verwandte Wort: *glass*
 ein zusammengesetztes Zeitwort: *weglaufen*	 • den Wortbaustein, der vor dem Zeitwort steht, und die Grundform des Zeitworts: *weg – laufen*

So kannst du dir Wörter einprägen

Für Wörter, die du dir merken willst, kannst du dir eine Rechtschreibkartei anlegen. Dazu brauchst du einen kleinen Kasten und Karteikarten.
Jedes Wort schreibst du auf eine eigene Karte. Wie du mit einem Karteikasten üben kannst, findest du auf Seite 179. Hier lernst du verschiedene Arten kennen, wie du die Karteikarten beschriften kannst.

 Wörter merken
- Suche das Wort im Wörterbuch. Präge dir das Wort ein und schreibe es auf. Sprich das Wort deutlich.
- Auf welche Stelle achtest du besonders? Kennzeichne sie.
- Schreibe das Wort mehrmals. Kontrolliere, ob du jedes Mal richtig geschrieben hast.

der Strumpf
der Strumpf, die Strümpfe
der **Strumpf**
der Strumpf, der Strumpf, DER STRUMPF

 Wörter gliedern
- Gliedere das Wort mit Silbenbögen.
- Schreibe es mit Trennungsstrichen auf.
- Schreibe das Wort in Großbuchstaben. Welche Wörter sind im Wort enthalten?

wegfliegen
wegfliegen
weg-flie-gen
WEGFLIEGEN
der Weg, weg, die Fliege, fliegen,
die Fliegen, die Liege, liegen,
die Liegen

 Wörter bilden
- Suche Reimwörter. Hilfen findest du auf den Seiten 215 bis 227.
- Suche verwandte Wörter.
- Finde neue Wörter. Ändere immer nur einen Buchstaben.

lachen
lachen – wachen
lachen – machen
auslachen, anlachen, lächerlich
lachen – die Sachen
lachen – lochen

4 Wörter verlängern
- Versuche das Wort zu verlängern.
- Bilde zusammengesetzte Wörter.
- Bilde eine Wortreihe. Kennzeichne den wichtigen Buchstaben. Kontrolliere.

Du kannst die Wörter auch nach der Wortart auf die Karteikarte schreiben.

5 Ist dein Wort ein Namenwort?
- Schreibe das Wort mit Begleiter auf.
- Bilde zur Einzahl die Mehrzahl.
- Bilde Zusammensetzungen.
- Vielleicht gibt es eine Verkleinerungsform. Schreibe sie auf.

6 Ist dein Wort ein Zeitwort (Tunwort)?
- Schreibe es in der Ich-Form, Wir-Form, Sie-Form und Du-Form auf.
- Schreibe es in verschiedenen Zeitformen auf.
- Mit welchen Wörtern kannst du das Wort zusammensetzen?

7 Ist dein Wort ein Eigenschaftswort?
- Schreibe es mit einem passenden Namenwort auf.
- Bilde mit dem Wort zusammengesetzte Wörter.
- Gibt es zu deinem Wort das Gegenteil?
- Lässt sich das Wort steigern?

---

das Bild

das Bild, die Bilder
der Bilderrahmen, abbilden
das Bild – die Bilder, das Schild –
die Schilder, der Held –
die Helden.

Holz

das Holz
das Holz, die Hölzer
das Streichholz, der Holzstoß,
der Holzstuhl
das Holz – das Hölzchen

---

lesen

ich lese, wir lesen, sie liest,
du liest
Heute lese ich. Gestern las ich.
Eben habe ich noch gelesen.
auflesen, vorlesen, auslesen
das Lesebuch, die Leseecke

---

schön

der schöne Tag
Der Tag ist schön.
wunderschön, die Schönheit,
verschönern
schön – hässlich
schön, schöner, am schönsten

Wörtertraining mit der Rechtschreibkartei

Wie du mit einem Karteikasten üben kannst, findest du hier. Dein Karteikasten braucht sechs Fächer. Alle beschrifteten Karten steckst du in das erste Fach deines Karteikastens. Anregungen, wie du die Karten beschriften kannst, stehen auf den Seiten 177 und 178.

So trainierst du:

1 Nimm eine Karte aus dem ersten Fach und lies das Wort.

2 Schau dir die Stelle im Wort an, auf die du beim Schreiben besonders achten willst.

3 Drehe die Wortkarte um. Schreibe das Wort mit dem Finger auf den Tisch und sprich dabei leise mit.

4 Kontrolliere mit der Wortkarte, ob du das Wort richtig geschrieben hast.

5 Schreibe das Wort nun auswendig auf.

6 Kontrolliere noch einmal mit der Wortkarte. Hast du das Wort richtig geschrieben, kommt die Karte ins zweite Fach. Ist das Wort falsch, wird es verbessert. Die Karte bleibt im ersten Fach.

7 Ein paar Tage später übst du das Wort noch einmal auf die gleiche Weise.

8 Wörter im zweiten Fach schaust du vor dem Schreiben nicht mehr an, sondern lässt sie dir diktieren. Die geschriebenen Wörter werden von dir und deinem Partner kontrolliert. Ist das Wort richtig, kommt die Karte in das nächste Fach. Ist das Wort falsch, bleibt die Karte in ihrem Fach.

9 Ziel ist es, alle Wortkarten in das letzte Fach zu bringen.
Die Spielregeln kennst du jetzt.
Im letzten Fach ordnest du die Wörter nach dem ABC.

So wirst du sicher im richtigen Schreiben

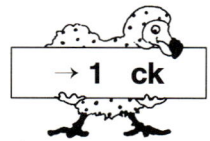
→ 1 ck

1 Dein Wort enthält **ck**.
Schreibe das Wort auf. Fahre **ck** gelb nach.

2 Sprich das Wort deutlich.
Achte auf den kurz gesprochenen Selbstlaut.

3 Setze unter den kurz gesprochenen Selbstlaut vor dem **ck** einen roten Punkt.

4 Lies die Wortlisten.
Beachte den kurz gesprochenen Selbstlaut vor dem **ck**.
Sprich deutlich.

	backen		die Jacke
der	Bäcker	das	Päckchen
der	Geschmack		packen

	aufwecken		erschrecken
die	Decke	die	Hecke
der	Dreck		schmecken
	dreckig	der	Schreck
die	Ecke		schrecklich
	eckig	der	Wecker
	entdecken		zudecken

der	Blick	die	Entwicklung
	blicken		erblicken
	dick		flicken
	entwickeln		schicken

der	Block	der	Rock
der	Bock	der	Stock
	hocken		trocken
der	Hocker		

die	Brücke	die	Lücke
der	Druck	der	Rücken
	drücken	das	Stück
das	Glück	der	Zucker
	glücklich		zurück

5 Welche Wörter reimen sich?
Schreibe die Reimpaare auf.
Fünf Wörter bleiben übrig.

der Rücken   der Block   fliegen
backen   lügen   schmecken
verpacken   blicken   legen
erschrecken   drücken   er flog
der Rock   der Haken   schicken

6 Wähle eine Wortliste aus.
Schreibe sie auf. Kennzeichne gleiche Wortteile.
Schreibe so: *der Rock, trocken*

7 Trenne alle zweisilbigen Wörter der Wortliste.
Schreibe so: *backen, ba-cken*

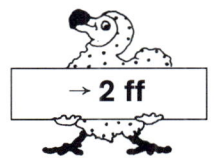

→ 2 ff

1 Dein Wort enthält **ff**.
Schreibe das Wort auf. Fahre **ff** gelb nach.

2 Sprich das Wort deutlich.
Achte auf den kurz gesprochenen Selbstlaut.

3 Setze unter den kurz gesprochenen Selbstlaut vor dem **ff** einen roten Punkt.

4 Lies die Wortlisten.
Beachte den kurz gesprochenen Selbstlaut vor dem **ff**.
Sprich deutlich.

der Affe	der Pfeffer
der Griff	das Schiff
die Hoffnung	der Stoff
der Koffer	der Treffer
der Löffel	die Ziffer

geschafft	schaffen
getroffen	treffen
hoffen	er trifft

hoffentlich	offen

5 Hier kannst du Silben zu Wörtern zusammensetzen.
Schreibe die Wörter auf und kennzeichne **off**.

Hoff	Kar	hof	ge	lich
hof	tof	trof	nung	fer
fent	fen	fen	fel	Kof

6 Suche passende Wörter aus den Wortlisten. Schreibe die vollständigen Sätze auf.

Die Tür steht ✎ .
Die Kinder ✎ sich auf dem Spielplatz.
✎ regnet es am Wochenende nicht.
Mit ✎ kann man würzen.
Auf dem Fluss fahren ✎ .
Im Zoo kann man ✎ sehen.
Wir packen unsere ✎ .
Mutter näht aus blauem ✎ ein Kleid.

→ 3 ll

1 Dein Wort enthält **ll**.
Schreibe das Wort auf. Fahre **ll** gelb nach.

2 Sprich das Wort deutlich.
Achte auf den kurz gesprochenen Selbstlaut.

3 Setze unter den kurz gesprochenen Selbstlaut vor dem **ll** einen roten Punkt.

4 Lies die Wortlisten. Beachte den kurz gesprochenen Selbstlaut vor dem **ll**. Sprich deutlich.

der Ball	der Knall
die Brille	der Müll
der Füller	die Quelle
die Herstellung	der Schall
der Keller	der Stall

bellen	rollen
fallen	er rollt
füllen	sollen
gefallen	stellen
herstellen	er will
knallen	wollen

billig	toll
hell	voll
schnell	vollständig
still	willig

5 Suche zu einigen Wörtern aus den Wortlisten Reimwörter.

Die Reimwörterliste hilft dir.

*der Ball, der Schall,
der Wall ...
fallen, knallen ...*

Schreibe sie auf.

6 Suche passende Wörter aus den Wortlisten.
Schreibe die vollständigen Sätze auf.

Zum Lesen braucht Vater eine 🖋 .
Die Kinder spielen mit dem 🖋 .
Jeder Bach hat eine 🖋 .
Der Hund 🖋 .
Hans holt im 🖋 Kartoffeln.
Der Ball 🖋 auf die Straße.
Im Herbst 🖋 die Blätter von den Bäumen.

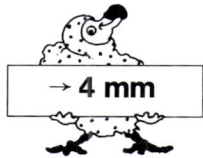

→ 4 mm

⭐1 Dein Wort enthält **mm**. Schreibe das Wort auf. Fahre **mm** gelb nach.

⭐2 Sprich das Wort deutlich. Achte auf den kurz gesprochenen Selbstlaut.

⭐3 Setze unter den kurz gesprochenen Selbstlaut vor dem **mm** einen roten Punkt.

⭐4 Lies die Wortlisten. Beachte den kurz gesprochenen Selbstlaut vor dem **mm**. Sprich deutlich.

der Kamm	die Sammlung
kämmen	der Schwamm
das Programm	er schwamm
sammeln	der Stamm

bestimmt	schwimmen
der Himmel	die Stimme
er nimmt	stimmen
schlimm	das Zimmer

gekommen	geschwommen
kommen	der Sommer

brummen	der Gummi
dumm	die Nummer
die Dummheit	nummerieren

⭐5 Schreibe alle einsilbigen Wörter aus den Wortlisten untereinander auf. Schreibe jeweils ein verlängertes Wort daneben.

Schreibe so: *dumm – dümmer*

⭐6 Suche passende Wörter aus den Wortlisten. Schreibe die vollständigen Sätze auf.

Der Baum hat einen dicken ✍ .
Im ✍ haben wir lange Ferien.
Ich wasche und ✍ mich.
Mit dem ✍ putze ich die Tafel.
Im Fernsehen gibt es ein ✍ für Kinder.
Der ✍ ist fast wolkenlos.
Wir tapezieren mein ✍ neu.
Seit letzter Woche kann ich ✍ .
Kannst du heute zu mir ✍ ?
Autoreifen sind aus ✍ .

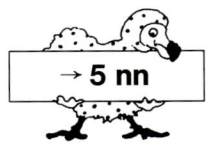

→ **5 nn**

1 Dein Wort enthält **nn**. Schreibe das Wort auf. Fahre **nn** gelb nach.

2 Sprich das Wort deutlich. Achte auf den kurz gesprochenen Selbstlaut.

3 Setze unter den kurz gesprochenen Selbstlaut vor dem **nn** einen roten Punkt.

4 Lies die Wortlisten. Beachte den kurz gesprochenen Selbstlaut vor dem **nn**. Sprich deutlich.

er begann	er kannte
er brannte	der Mann
er gewann	er rannte
er kann	die Tanne
die Kanne	verbrannt

brennen	trennen
kennen	verbrennen
nennen	die Verbrennung
rennen	

der Beginn	gewinnen
beginnen	der Sinn
besinnen	sinnlos
der Gewinn	

begonnen	können
der Donner	die Sonne
donnern	sonnig
der Donnerstag	der Sonntag
gewonnen	die Tonne

dünn

5 Schreibe alle Zeitwörter aus den Wortlisten so auf:

beginnen,
du beginnst, er begann

6 Suche passende Wörter aus den Wortlisten. Schreibe die vollständigen Sätze auf.

Nach dem Blitz 🖋 es.
Das Kind 🖋 über die Straße.
Morgen 🖋 der Unterricht erst um 8.45 Uhr.
Peter hat einen Preis 🖋 .
Hoffentlich scheint morgen die 🖋 .
Plötzlich 🖋 das ganze Haus.
Karin 🖋 gut Flöte spielen.
🖋 dir nicht die Finger!
Ich 🖋 viele Pilze.

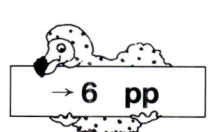

→ 6 **pp**

1 Dein Wort enthält **pp**. Schreibe das Wort auf. Fahre **pp** gelb nach.

2 Sprich das Wort deutlich. Achte auf den kurz gesprochenen Selbstlaut.

3 Setze unter den kurz gesprochenen Selbstlaut vor dem **pp** einen roten Punkt.

4 Lies die Wortlisten. Beachte den kurz gesprochenen Selbstlaut vor dem **pp**. Sprich deutlich.

die Gruppe	die Puppe
der Lappen	die Suppe
die Lippe	die Treppe
die Mappe	

kippen	verdoppeln
klappern	wippen
plappern	zappeln
schleppen	

| klapprig | zappelig |

5 Lege eine Tabelle nach folgendem Muster an. Ordne die Wörter richtig ein.

app	epp	ipp	opp	upp

6 Trenne die Wörter. Schreibe so: Sup̣-pe

7 Suche passende Wörter aus den Wortlisten. Schreibe die vollständigen Sätze auf.

Die 🖋 schmeckt gut.
Wir arbeiten manchmal in der 🖋.
Ich hefte das Blatt in die 🖋.
Die Fische 🖋 im Netz.
Vater 🖋 die Leiter in den Keller.
Die Meise 🖋 mit dem Schwanz.
Mein Fahrrad ist alt und 🖋.
Bei Regenwetter werden manche Kinder 🖋.

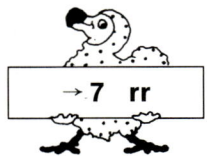

→ 7 rr

1 Dein Wort enthält **rr**. Schreibe das Wort auf. Fahre **rr** gelb nach.

2 Sprich das Wort deutlich. Achte auf den kurz gesprochenen Selbstlaut.

3 Setze unter den kurz gesprochenen Selbstlaut vor dem **rr** einen roten Punkt.

4 Lies die Wortlisten. Beachte den kurz gesprochenen Selbstlaut vor dem **rr**. Sprich deutlich.

der	knarren Narr	scharren

der	Herr herrlich	zerren

das	Geschirr klirren	sich	irren

	knurren murren	schnurren

5 Schreibe die Zeitwörter in der Es-Form so auf:

*es klirrt, es klirrte,
es klirr-te*

Vorsicht beim Trennen!

Nur der letzte Mitlaut kommt zur nächsten Silbe.

6 Suche passende Wörter aus den Wortlisten. Schreibe die vollständigen Sätze auf.

Der Hund 🖋 an der Leine.
Mir 🖋 der Magen vor Hunger.
Die Katze liegt auf dem Sofa und 🖋 .
Manche Kinder 🖋 über die Hausaufgaben.
Im Fasching ziehen die 🖋 durch die Straßen.
Ungeduldig 🖋 die Pferde mit den Hufen.
Peter trocknet das 🖋 ab.
Jeder kann sich einmal 🖋 .
Heute hat 🖋 Müller angerufen.

→ 8 ss

besser	interessant
bissig	nass
essbar	rissig
flüssig	vergesslich

1 Dein Wort enthält **ss**. Schreibe das Wort auf. Fahre **ss** gelb nach.

2 Sprich das Wort deutlich. Achte auf den kurz gesprochenen Selbstlaut.

3 Setze unter den kurz gesprochenen Selbstlaut vor dem **ss** einen roten Punkt.

5 Suche die einsilbigen Wörter. Schreibe so:
der Fluss, die Flüsse

6 Schreibe die Zeitwörter so:
essen, er aß,
er hat gegessen

Mit den Listen auf den Seiten 206 bis 208 geht es leicht!

4 Lies die Wortlisten. Beachte den kurz gesprochenen Selbstlaut vor dem **ss**. Sprich deutlich.

das Fass	die Nässe
der Fluss	die Nuss
die Flüssigkeit	der Pass
das Interesse	der Riss
die Klasse	das Schloss
der Kompass	der Schlüssel
der Kuss	die Tasse
das Messer	das Wasser

er biss	messen
essen	müssen
fassen	passen
er floss	er riss
fressen	er schloss
er goss	vergessen
lassen	wissen

7 Suche passende Wörter aus den Wortlisten. Schreibe die vollständigen Sätze auf.

Mit dem ✐ kann man schneiden.
Ich ✐ ein Brötchen.
Wir knacken ✐ .
Vorsicht, der Hund ist ✐ .
Der Schlüssel steckt im ✐ .
Tina hat ihr Heft ✐ .
Das möchte ich genau ✐ .
Diese Pilze sind ✐ . Nach dem Regen sind die Straßen ✐ .

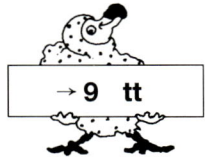

→ 9 **tt**

1 Dein Wort enthält **tt** . Schreibe das Wort auf. Fahre **tt** gelb nach.

2 Sprich das Wort deutlich. Achte auf den kurz gesprochenen Selbstlaut.

3 Setze unter den kurz gesprochenen Selbstlaut vor dem **tt** einen roten Punkt.

4 Lies die Wortlisten. Beachte den kurz gesprochenen Selbstlaut vor dem **tt**. Sprich deutlich.

das Bett	die Mitte
das Blatt	der Mittwoch
die Diskette	die Mutter
das Fett	der Schatten
das Gewitter	der Schmetterling
die Glätte	die Spagetti
die Hütte	das Wetter
der Mittag	

bitten	schütten
klettern	wetten
rütteln	zittern
schütteln	

bitter	satt
fett	schattig
glatt	

5 Lege eine Tabelle nach folgendem Muster an.
Ordne die Wörter richtig ein.

att	ett	itt	ott	utt

6 Suche passende Wörter aus den Wortlisten. Schreibe die vollständigen Sätze auf.

Im Herbst werden die 🖊 bunt.
Auf der Blüte sitzt ein schöner 🖊 .
In diesem Sommer war herrliches 🖊 .
Diese Medizin schmeckt 🖊 .
Bei großer Hitze suche ich mir einen 🖊 Platz.
Oma war der Braten zu 🖊 .
Wir 🖊 Vater um Erlaubnis.
Der Wind 🖊 an den Zweigen.
Wir 🖊 vor Kälte.

→ 10 tz

1 Dein Wort enthält **tz**. Schreibe das Wort auf. Fahre **tz** gelb nach.

2 Sprich das Wort deutlich. Achte auf den kurz gesprochenen Selbstlaut.

3 Setze unter den kurz gesprochenen Selbstlaut vor dem **tz** einen roten Punkt.

4 Lies die Wortlisten. Beachte den kurz gesprochenen Selbstlaut vor dem **tz**. Sprich deutlich.

5 Zu vielen Wörtern findest du in den Wortlisten verwandte Wörter. Schreibe so:
der Blitz – blitzen

6 Trenne alle zweisilbigen Wörter der Wortlisten. Schreibe so:
die Spritze, die Sprit-ze

7 Schreibe die Zeitwörter so:
es spritzt, es spritzte, es spritz-te

der Blitz	der Satz
das Gesetz	der Schmutz
die Hetze	die Spitze
die Hitze	die Spritze
die Katze	die Verletzung
der Platz	die Verschmutzung

blitzen	setzen
kratzen	sitzen
nützen	spitzen
platzen	spritzen
schützen	verletzen
schwitzen	verschmutzen

besetzt	schmutzig
kitzlig	spitz
letzte	trotzig
nützlich	witzig

| jetzt | trotzdem |
| plötzlich | zuletzt |

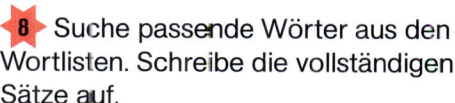

Vorsicht beim Trennen!

Der letzte Mitlaut kommt zur nächsten Silbe.

8 Suche passende Wörter aus den Wortlisten. Schreibe die vollständigen Sätze auf.

Vater 🌿 den Rasen. Meine Schuhe sind 🌿. Ein greller 🌿 zuckte am Himmel. 🌿 fing es zu regnen an. Meine Schwester ist sehr 🌿. Ameisen sind 🌿 Tiere. Beim Fußballspielen 🌿 ich schnell. Ich könnte vor Wut 🌿.

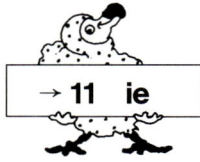

→ 11 ie

1 Dein Wort enthält ein lang gesprochenes **i**. Deshalb wird es mit **ie** geschrieben. Schreibe das Wort auf. Fahre **ie** gelb nach.

2 Sprich das Wort deutlich. Unterstreiche **ie** grün.

3 Lies die Wortlisten. Beachte das lang gesprochene **i**. Sprich deutlich.

das Beispiel	die Schwierigkeit
die Biene	der Spaziergang
der Dienstag	der Spiegel
die Fliege	der Stiel
der Frieden	die Tiefe
die Kiefer	das Tier
der Krieg	die Wiese
das Lied	das Ziel
die Miete	die Zwiebel

biegen	riechen
fliegen	schieben
fließen	schließen
frieren	spazieren
gießen	spiegeln
informieren	spielen
kriechen	verbieten
lieben	verlieren
liegen	vertiefen
nummerieren	wiegen

friedlich	schwierig
lieb	tief
schief	

niemals	siebzig
niemand	vielleicht
schließlich	vier
sieben	vierzig

4 Setze folgende Zeitwörter in die Vergangenheitsform:

fallen, schreiben, rufen, scheinen, schlafen, raten, schreien, steigen, treiben, schweigen, stoßen

Schreibe so: *fallen, er fiel*

Mit den Listen auf den Seiten 206-208 geht es leicht!

5 Suche passende Wörter aus den Wortlisten. Schreibe die vollständigen Sätze auf.

Auf der 🖋 blühen Blumen.
Die Kinder 🖋 Fußball.
Thomas 🖋 noch im Bett.
Das Bild hängt 🖋.
Mit der Waage kann man 🖋.
Der Vogel 🖋 auf den Baum.
🖋 bitte die Fenster.
Diese Aufgabe ist sehr 🖋.

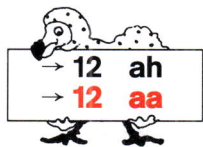

→ 12　ah
→ 12　**aa**

der Aal	der Saal
das Ehepaar	die Saat
das Haar	der Staat
haarig	die Waage

⭐ **1** Dein Wort enthält ein lang gesprochenes **a**. Es wird mit einem Dehnungszeichen geschrieben. Schreibe das Wort auf und unterstreiche das lang gesprochene **a** grün.

⭐ **2** Sprich das Wort deutlich. Achte auf das gedehnte **a**.

⭐ **3** Lies die Wortlisten. Wähle aus einer Wortliste fünf Wörter aus. Präge sie dir ein.

	die Nahrung
ahnen	
die Bahn	die Naht
der Draht	die Vorfahrt
die Fahne	die Wahl
fahren	die Zahl
die Gefahr	zahlen
das Jahr	der Zahn

ernähren	ungefähr
erzählen	wählen
die Erzählung	während
gefährlich	zählen

Ich übe Wörter manchmal mit Karteikarten oder mit dem Partner.

⭐ **4** Suche passende Wörter aus den Wortlisten. Schreibe die vollständigen Sätze auf.

Ich kämme meine 🪶 .
Neulich verlor ich einen 🪶 .
Die 🪶 zeigt das Gewicht an.
In den großen 🪶 passen viele Leute.
Auf der Straße lauern viele 🪶 .
Jedes 🪶 werden wir älter.
Am liebsten 🪶 wir in den Urlaub.
Das Eichhörnchen versteckt seine 🪶 .
Wir haben 🪶 30 Minuten Zeit.
Diese Kreuzung ist sehr 🪶 .

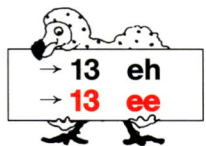

→ 13 eh
→ 13 ee

1 Dein Wort enthält ein lang gesprochenes **e**. Es wird mit einem Dehnungszeichen geschrieben. Schreibe das Wort auf und unterstreiche das lang gesprochene **e** grün.

2 Sprich das Wort deutlich. Achte auf das gedehnte **e**.

3 Lies die Wortlisten. Wähle aus einer Wortliste fünf Wörter aus. Präge sie dir ein.

	ehrlich		nehmen
der	Fehler		umkehren
	fehlerfrei		verehren
der	Lehrer	der	Verkehr
die	Lehrerin		zehn
	mehr		

die	Beere	das	Meer
das	Beet	der	Schnee
die	Fee	der	See
der	Kaffee	der	Tee
	leer		

4 Suche passende Wörter aus den Wortlisten. Schreibe die vollständigen Sätze auf.

Auf der Autobahn ist viel 🪶.
Im Winter freuen sich die Kinder auf den 🪶.
🪶 Finder werden belohnt.
Viele Vögel ernähren sich von 🪶.
Am liebsten bade ich im 🪶.
Manchmal fällt mir in der Schule nichts 🪶 ein.
Zum Frühstück trinke ich gerne 🪶.
Ich bringe die 🪶 Flaschen zurück.

→ 14 oh
→ 14 oo

1 Dein Wort enthält ein lang gesprochenes **o**. Es wird mit einem Dehnungszeichen geschrieben. Schreibe das Wort auf und unterstreiche das lang gesprochene **o** grün.

2 Sprich das Wort deutlich. Achte auf das gedehnte **o**.

3 Lies die Wortlisten. Wähle fünf Wörter aus. Präge sie dir ein.

	belohnen		ohne
	bohren	das	Ohr
	hohl	der	Sohn
der	Lohn		wohnen

	fröhlich	die	Höhle
die	Fröhlichkeit		

das	Boot	das	Moos
	doof	der	Zoo
das	Moor		

4 Suche passende Wörter aus den Wortlisten. Schreibe die vollständigen Sätze auf.

Wir 🖋 in einem Hochhaus.
Mutter 🖋 ein Loch in die Wand.
Mit dem 🖋 fahren wir auf den See hinaus. Viele Vögel polstern ihr Nest mit 🖋 aus.
Mein Großvater ist stolz auf seinen 🖋.
Im 🖋 beobachten wir die Tiere.
Oft mache ich meine Hausaufgaben 🖋 Fehler.
Der Dachs schläft in seiner 🖋.

→ 15 **uh**

1 Dein Wort enthält ein lang gesprochenes **u**. Es wird mit einem Dehnungszeichen geschrieben. Schreibe das Wort auf und unterstreiche das lang gesprochene **u** grün.

2 Sprich das Wort deutlich. Achte auf das gedehnte **u**.

3 Lies die Wortlisten. Wähle aus einer Wortliste fünf Wörter aus. Präge sie dir ein.

die Armbanduhr	die Müllabfuhr
das Brathuhn	der Stuhl
ich fuhr	die Stuhllehne
das Huhn	die Uhr
der Kinderstuhl	die Uhrzeit

berühmt	der Hühnerstall
fühlen	kühl
führen	kühlen
die Führung	rühren
das Gefühl	

4 In den Wortlisten findest du verwandte Wörter. Schreibe so:
die Uhr, die Uhrzeit, die Armbanduhr

5 Suche passende Wörter aus den Wortlisten. Schreibe die vollständigen Sätze auf.

Jeden Morgen beginnt um 8 ✏ der Unterricht.

Ich esse gerne ✏ mit Reis.

Letzte Woche bekam Sabine eine ✏ geschenkt.

Gestern ✏ ich mit dem Fahrrad zu meinem Freund.

Ohne die ✏ würden wir im Abfall ersticken.

Opa sitzt gerne auf einem bequemen ✏.

Ich sammle Autogramme von ✏ Sportlern.

Vor Kälte konnte ich meine Finger kaum ✏.

→ 16 ß

1 Dein Wort enthält einen lang gesprochenen Selbstlaut. Danach folgt **ß**. Schreibe das Wort auf. Fahre **ß** gelb nach.

2 Sprich das Wort deutlich. Unterstreiche den lang gesprochenen Laut grün.

3 Lies die Wortlisten. Sprich den Laut vor dem **ß** deutlich.

er aß	das Maß
bloß	er maß
fließen	schließen
er fraß	schließlich
der Fuß	der Stoß
gießen	stoßen
groß	die Straße
er ließ	er vergaß

die Füße	süß
größer	die Süßigkeit
grüßen	

außen	heiß
beißen	heißen
draußen	reißen
dreißig	
der Fleiß	der Strauß
	weiß
fleißig	ich weiß

ß steht nur nach **langen** Selbstlauten.

4 Setze die Namenwörter der Wortlisten in die Mehrzahl.
Schreibe so: *der Fuß, die Füße*

Bei **einem** Namenwort ist dies nicht möglich.

5 Schreibe die Zeitwörter der Wortlisten so:
er aß, sie aßen
fließen, er fließt

6 Suche passende Wörter aus den Wortlisten. Schreibe die vollständigen Sätze auf.

🪶 können den Zähnen schaden.
Weil es so laut ist, 🪶 ich das Fenster.
Heute ist es 🪶 fast 🪶 Grad.
Wie 🪶 deine Eltern mit Vornamen?
Im Sommer musst du die Blumen oft 🪶 .
Warum 🪶 Hunde manchmal?
Heute Mittag 🪶 er seinen Teller schnell leer.

→ 17 ai

1 Dein Wort enthält **ai**. Schreibe das Wort auf. Fahre **ai** gelb nach.

2 Bilde Wortpaare. Schreibe so:
der Hai, die Haifischflosse

der Hai	der Brotlaib
der Kai	der Froschlaich
der Laib	die Gitarrensaite
der Laich	die Haifischflosse
der Laie	die Kaimauer
der Mai	der Laienspieler
der Mais	der Maibaum
die Saite	der Maiskolben

Ich stehe im Mai am Kai und füttere den Hai mit Mais.

3 Suche passende Wörter aus der Wortliste. Schreibe die vollständigen Sätze auf.

Ich kaufe einen 🌾 Schwarzbrot.
Die Schiffe liegen am 🌾 .
Gegrillte 🌾 mag ich besonders gern.
Meine Gitarre braucht eine neue 🌾 .
Aus 🌾 schlüpfen Kaulquappen.

→ 18 eu

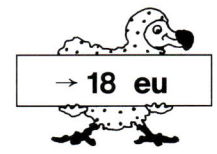

1 Dein Wort enthält **eu**. Schreibe das Wort auf. Fahre **eu** gelb nach.

2 Welche Wörter sind miteinander verwandt? Schreibe sie so auf:
andeuten – deutlich

	Deutschland	der Freund
die	Eule	die Freundin
der	Euro	das Kreuz
	Europa	die Kreuzung
die	Feuchtigkeit	der Leuchter
das	Feuer	die Leute
das	Flugzeug	das Steuer
die	Freude	das Zeugnis

	andeuten	kreuzen
	betreuen	leuchten
sich	freuen	steuern

deutlich	neu
deutsch	neun
feucht	neunzig
freundlich	teuer
heute	treu

3 Schreibe mindestens sechs Wörter aus den Wortlisten ab. Fahre **eu** gelb nach.

> Es gibt nicht viele Wörter mit **eu**. Du kannst sie dir merken.

4 Suche passende Wörter aus den Wortlisten. Schreibe die vollständigen Sätze auf.

Alte Keller haben oft 🪶 Wände.
🪶 können lautlos durch die Luft gleiten.
Der Verkehr an 🪶 ist oft mit Ampeln geregelt.
Nicht alle Kinder 🪶 sich auf das 🪶 .
🪶 will ich mich mit meinem 🪶 treffen.
Für ein Kegelspiel braucht man 🪶 Kegel.
An Ostern brennt vor der Kirche ein riesiges 🪶 .

→ **19 ä**

1 Dein Wort enthält **ä**. Schreibe das Wort auf. Fahre **ä** gelb nach.

2 Suche zu deinem Wort mit **ä** ein verwandtes Wort mit **a**.

Dazu weiß ich keine verwandten Wörter mit **a**.

der Bär	
	gähnen
der Käfer	
der Käfig	
	lärmen
das Mädchen	
das Märchen	

3 Suche zu mindestens sechs Wörtern ein verwandtes Wort mit **a**.
Schreibe so: *ändern – anders*

	älter	die	Nässe
	ändern		quälen
	ärgern	das	Rätsel
der	Bäcker	die	Schärfe
	drängen	er	schläft
	erklären	er	schlägt
	erzählen	der	Stängel
die	Glätte	die	Stärke
	hängen		stärken
die	Kälte		wählen
	kräftig	die	Wärme
er	lässt		zählen

4 Suche zu mindestens sechs Wörtern ein verwandtes Wort mit **a**.
Schreibe so:
die Äpfel, der Apfel

die Äpfel	die Pässe
die Ärzte	die Plätze
die Äste	die Säfte
die Bälle	die Sätze
die Blätter	die Städte
die Gräser	die Stämme
die Hände	die Strände
die Männer	die Väter
die Nächte	die Zähne

Ganz einfach:
Ich bilde die Einzahl.

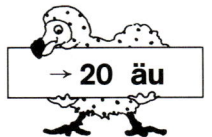

→ **20 äu**

1 Dein Wort enthält **äu**. Schreibe das Wort auf. Fahre **äu** gelb nach.

2 Suche verwandte Wörter mit **au**.
Schreibe die Wortpaare so auf:
die Bäuche – der Bauch

die Bäuche	die Häute
die Bäume	die Kräuter
das Gebäude	die Sträucher
die Häuser	die Sträuße

| er läuft | er säuft |
| aufräumen | träumen |

| häufig |

3 Welche Wörter sind miteinander verwandt? Schreibe sie auf.

aufschäumen   sauber   der Bau
säubern   bauen   der Schaum
das Gebäude   schäumen   gesäubert
der Verkäufer   geschäumt
die Verkäuferin   kaufen

Zu den Wörtern mit **äu** gibt es oft verwandte Wörter mit **au**.

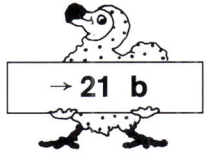

→ 21 **b**

1 Dein Wort hat am Ende ein **b**. Schreibe das Wort auf. Fahre **b** farbig nach.

> **b** am Wortende klingt wie **p**. Verlängere das Wort, dann kannst du **b** deutlich hören.

2 Verlängere die folgenden Wörter, damit du **b** deutlich hören kannst. Schreibe so:

der Dieb, die Diebe
gelb, ein gelbes Kleid

- der Dieb
- gelb
- das Laub
- lieb
- das Sieb
- der Stab
- der Urlaub

Laub kann ich aber nicht verlängern!

3 Auch bei diesen Wörtern klingt **b** wie **p**. Bilde die Grundform, damit du **b** deutlich hörst. Schreibe so:

er gibt – geben

er gibt	er schiebt
er lebt	er schrieb
er liebt	es staubt
er lobt	er tobt

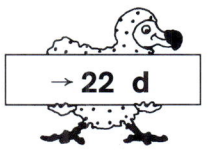

→ 22 **d**

1 Dein Wort hat am Ende ein **d**. Schreibe das Wort auf. Fahre **d** farbig nach.

> **d** am Wortende klingt wie **t**. Verlängere das Wort, dann kannst du **d** deutlich hören.

2 Verlängere die folgenden Wörter, damit du **d** deutlich hören kannst. Schreibe so:

blind, ein blindes Kätzchen

Bei Namenwörtern ist es einfach. Ich bilde die Mehrzahl.

der Abend	das Kind
das Bild	das Kleid
der Brand	das Land
blind	das Lied
das Feld	der Mund
fremd	niemand
der Freund	das Pferd
das Geld	der Strand
gesund	tausend
die Hand	der Wald
das Hemd	wild
der Hund	der Wind
jemand	

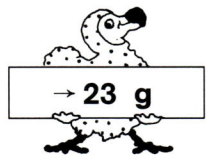

→ **23 g**

1. Dein Wort hat am Ende ein **g**. Schreibe das Wort auf. Fahre **g** farbig nach.

> **g** am Wortende klingt wie **k**. Verlängere das Wort, dann kannst du **g** deutlich hören.

2. Verlängere die folgenden Wörter, damit du **g** deutlich hören kannst. Schreibe die Wortpaare so auf:

der Tag, die Tage

der Flug	der Sieg
der Käfig	der Tag
der Krieg	der Weg
der Schlag	der Zweig

Und was ist mit **klug**? Kann ich das auch verlängern?

3. Auch bei diesen Wörtern klingt **g** wie **k**. Bilde die Grundform, damit du **g** deutlich hörst. Schreibe so:

er fliegt – fliegen

er biegt	er schlägt
er bog	er schlug
er fliegt	er schweigt
er flog	er steigt
er lag	er stieg
er legt	er trägt
er liegt	er trug
er log	er wiegt
er lügt	er wog
er mag	er zeigt
er sagt	er zog

Texte schreiben und überarbeiten

Wortfelder

essen

- die Suppe **probieren/kosten**
- das Mittagessen **hinunterschlingen**
- von der Nachspeise **naschen**
- Gebäck **knabbern**
- **sich** von Obst und Gemüse **ernähren**
- Berge von Kuchen **verdrücken**
- eine Forelle **verspeisen**
- das Frühstück in Ruhe **genießen**
- das Frühstücksbrot **verzehren**
- ein Eis **schlecken**
- trockenes Brot **kauen**
- eine Banane **mampfen**
- mit Genuss **schmatzen**
- am Büfett **schlemmen**
- Schokolade **futtern**
- ohne Appetit **mümmeln**

trinken

- den heißen Kakao **schlürfen**
- die Limonade **hinunterstürzen**
- **sich** einen großen Schluck aus der Flasche **genehmigen**
- kaltes Wasser **hinunterkippen**
- vom Saft **nippen**

geben

- eine Urkunde **aushändigen**
- zum Geburtstag etwas **schenken**
- einen Blumenstrauß **überreichen**
- die Hand **schütteln**
- eine Erlaubnis/Auskunft **erteilen**
- Geld für einen guten Zweck **spenden**
- einen Preis **verleihen**
- jemandem im Schullandheim ein Zimmer **zuweisen**
- jemandem eine Ermäßigung **gewähren/bewilligen**

machen

- die Hausaufgaben sorgfältig **erledigen**
- einen Ausflug **unternehmen**
- eine schwere Arbeit **ausführen**
- ein Auto **reparieren**
- einen Plan **entwerfen**
- ein Feuer **anzünden**
- einen Strohstern **basteln**
- eine Party **veranstalten**

gehen

- zum Altar **schreiten**
- zum Ausgang **stolpern**
- mit jemandem um die Wette **rennen**
- auf dem Schulweg **trödeln**
- zum Bahnhof **hasten**
- um die Ecke **flitzen**
- durch die Straßen **bummeln**
- durch den Wald **streifen**
- auf einen Berg **steigen**
- durch den Schnee **stapfen**
- verletzt vom Spielfeld **humpeln**
- wie ein Indianer **schleichen**
- durch die Stadt **schlendern**
- durch den Park **spazieren**
- durch den kalten Bach **waten**
- ins Haus **stürmen**
- aus dem Zimmer **stürzen**
- über den Schulhof **rasen**

fliegen

- in der Luft **schweben/segeln**
- wie ein Schmetterling **hin- und hergaukeln**
- zum Nest **flattern**
- durch die Luft **wirbeln/schwirren**
- mit dem Fallschirm **zu Boden gleiten**

sehen

- um die Ecke **spitzen**
- Tiere im Zoo **beobachten**
- durchs Schlüsselloch **gucken**
- ins helle Sonnenlicht **blinzeln**
- von einem Turm auf die Stadt **blicken/schauen**
- erstaunt **gaffen**
- Rehe auf einer Waldwiese **erspähen**
- ein kunstvolles Spinnennetz **bestaunen**
- einen Fehler **bemerken**
- eine seltene Pflanze **entdecken**
- eine Wegmarkierung **finden**
- durch eine Ritze **lugen**
- Umrisse im Nebel **wahrnehmen**
- mit großen Augen **glotzen**

schlafen

- im Sessel **einnicken/einduseln**
- in der Sonne **dösen**
- friedlich **schlummern**
- bis Mittag **ratzen**
- unter der Brücke **pennen**
- bis in den Morgen **schnarchen**

sprechen

- eine Geschichte **erzählen**
- über einen Vorfall **berichten**
- **sich** über eine Fernsehsendung **unterhalten**
- mit dem Nachbarn **reden/schwätzen**
- auf eine Frage **antworten**
- wütend **brüllen**
- miteinander **plaudern**
- ein Gedicht **vortragen**
- aufgeregt **stottern**
- über die Hausaufgaben **maulen**
- etwas vor sich **hinnuscheln**
- **murmeln**
- **sich** über ein Problem **äußern**
- vor Schmerz **jammern**
- jemandem ins Ohr **flüstern**
- Worte **heraussprudeln**

weinen

- vor Wut **heulen/plärren**
- vor Verzweiflung **schluchzen**
- vor Rührung **in Tränen ausbrechen**
- Tränen **vergießen**
- herzzerreißend **flennen**
- heimlich eine Träne **verdrücken**

sich freuen

- über eine gute Note **jubeln**
- schadenfroh **grinsen/feixen**
- über eine heitere Geschichte **schmunzeln**
- **zufrieden lächeln**
- **sich ins Fäustchen lachen**
- nach einem Sieg **triumphieren**
- vor Freude **jauchzen/juchzen**
- **begeistert aufspringen**

Treffende Ausdrücke

Angst haben

- sich vor einer Spinne **gruseln**
- bei einem unbekannten Geräusch **zusammenzucken**
- vor einer Prüfung **zittern**
- **mit den Zähnen klappern**
- **mit den Knien schlottern**
- **sich nicht mehr regen können**
- vor Entsetzen **wie gelähmt sein**
- sich vor Angst **verkriechen**
- **eine Gänsehaut kriegen**
- vor Angst **erschauern/beben**
- **Herzklopfen bekommen**
- **den Atem anhalten**
- **beunruhigt sein**
- **sich fürchten**
- vor einem Gespenst **zusammenfahren**

traurig sein

- **wehmütig** an die vergangenen Ferien **zurückdenken**
- über eine schlechte Note **enttäuscht/niedergeschlagen sein**
- über den Tod eines Tieres **klagen**
- über einen Unfall **erschüttert sein**
- **den Kopf/die Flügel hängen lassen**
- **Trübsal blasen**

wütend sein

- vor Zorn **rot anlaufen**
- **die Stirn runzeln**
- **in die Höhe fahren**
- **die Geduld verlieren**
- **in die Luft gehen**
- **aus der Haut fahren**
- vor Wut **platzen/toben/kochen**
- **die Wand hochgehen**
- **aufbrausen**
- **wie ein Rohrspatz schimpfen**
- jemanden zur Weißglut bringen
- **außer sich geraten**

froh sein

- **gut gelaunt** nach Hause kommen
- **selig** im Bett liegen
- **freudestrahlend** ein Geschenk empfangen
- **erleichtert aufatmen**
- **vergnügt/quietschvergnügt** aus dem Kino kommen
- **ausgelassen** durchs Haus toben
- **in Erinnerungen schwelgen**
- **zufrieden** in sich hineinlächeln
- vor Freude umherhüpfen
- **beschwingt** durchs Zimmer **tanzen**

Schwierige Vergangenheitsformen

	1. Vergangenheit	2. Vergangenheit
beginnen	er begann	er hat begonnen
beißen	er biss	er hat gebissen
biegen	er bog	er hat gebogen
binden	er band	er hat gebunden
bitten	er bat	er hat gebeten
bleiben	er blieb	er ist geblieben
brechen	er brach	er hat gebrochen
brennen	er brannte	er hat gebrannt
bringen	er brachte	er hat gebracht
denken	er dachte	er hat gedacht
dürfen	er durfte	er hat gedurft
empfangen	er empfing	er hat empfangen
empfinden	er empfand	er hat empfunden
essen	er aß	er hat gegessen
fahren	er fuhr	er ist gefahren
fallen	er fiel	er ist gefallen
fangen	er fing	er hat gefangen
finden	er fand	er hat gefunden
fliegen	er flog	er ist geflogen
fliehen	er floh	er ist geflohen
fließen	er floss	er ist geflossen
fressen	er fraß	er hat gefressen
frieren	er fror	er hat gefroren
geben	er gab	er hat gegeben
gehen	er ging	er ist gegangen
gelingen	es gelang	es ist gelungen
gelten	es galt	es hat gegolten
geschehen	es geschah	es ist geschehen
gewinnen	er gewann	er hat gewonnen
gießen	er goss	er hat gegossen
graben	er grub	er hat gegraben
greifen	er griff	er hat gegriffen

	1. Vergangenheit	2. Vergangenheit
hängen	er hing	er hat gehangen
halten	er hielt	er hat gehalten
heben	er hob	er hat gehoben
heißen	er hieß	er hat geheißen
helfen	er half	er hat geholfen
kennen	er kannte	er hat gekannt
kommen	er kam	er ist gekommen
können	er konnte	er hat gekonnt
kriechen	er kroch	er ist gekrochen
lassen	er ließ	er hat gelassen
laufen	er lief	er ist gelaufen
leiden	er litt	er hat gelitten
lesen	er las	er hat gelesen
liegen	er lag	er ist [hat] gelegen
lügen	er log	er hat gelogen
messen	er maß	er hat gemessen
mögen	er mochte	er hat gemocht
müssen	er musste	er hat gemusst
nehmen	er nahm	er hat genommen
pfeifen	er pfiff	er hat gepfiffen
raten	er riet	er hat geraten
reißen	er riss	er hat gerissen
reiten	er ritt	er ist geritten
rennen	er rannte	er ist gerannt
riechen	es roch	es hat gerochen
rufen	er rief	er hat gerufen
scheinen	es schien	es hat geschienen
schieben	er schob	er hat geschoben
schießen	er schoss	er hat geschossen
schlafen	er schlief	er hat geschlafen
schlagen	er schlug	er hat geschlagen

	1. Vergangenheit	2. Vergangenheit
schleichen	er schlich	er ist geschlichen
schließen	er schloss	er hat geschlossen
schneiden	er schnitt	er hat geschnitten
schreiben	er schrieb	er hat geschrieben
schreien	er schrie	er hat geschrien
schweigen	er schwieg	er hat geschwiegen
schwimmen	er schwamm	er ist geschwommen
sehen	er sah	er hat gesehen
singen	er sang	er hat gesungen
sinken	es sank	es ist gesunken
sitzen	er saß	er ist [hat] gesessen
sprechen	er sprach	er hat gesprochen
springen	er sprang	er ist gesprungen
stehen	er stand	er ist [hat] gestanden
stehlen	er stahl	er hat gestohlen
steigen	er stieg	er ist gestiegen
sterben	er starb	er ist gestorben
stoßen	er stieß	er hat gestoßen
tragen	er trug	er hat getragen
treffen	er traf	er hat getroffen
treiben	er trieb	er hat getrieben
treten	er trat	er hat getreten
trinken	er trank	er hat getrunken
verbieten	er verbot	er hat verboten
vergessen	er vergaß	er hat vergessen
verlieren	er verlor	er hat verloren
wachsen	er wuchs	er ist gewachsen
waschen	er wusch	er hat gewaschen
werfen	er warf	er hat geworfen
wiegen	er wog	er hat gewogen
wissen	er wusste	er hat gewusst
ziehen	er zog	er hat gezogen

Ausrufe, Gedanken, Gefühle

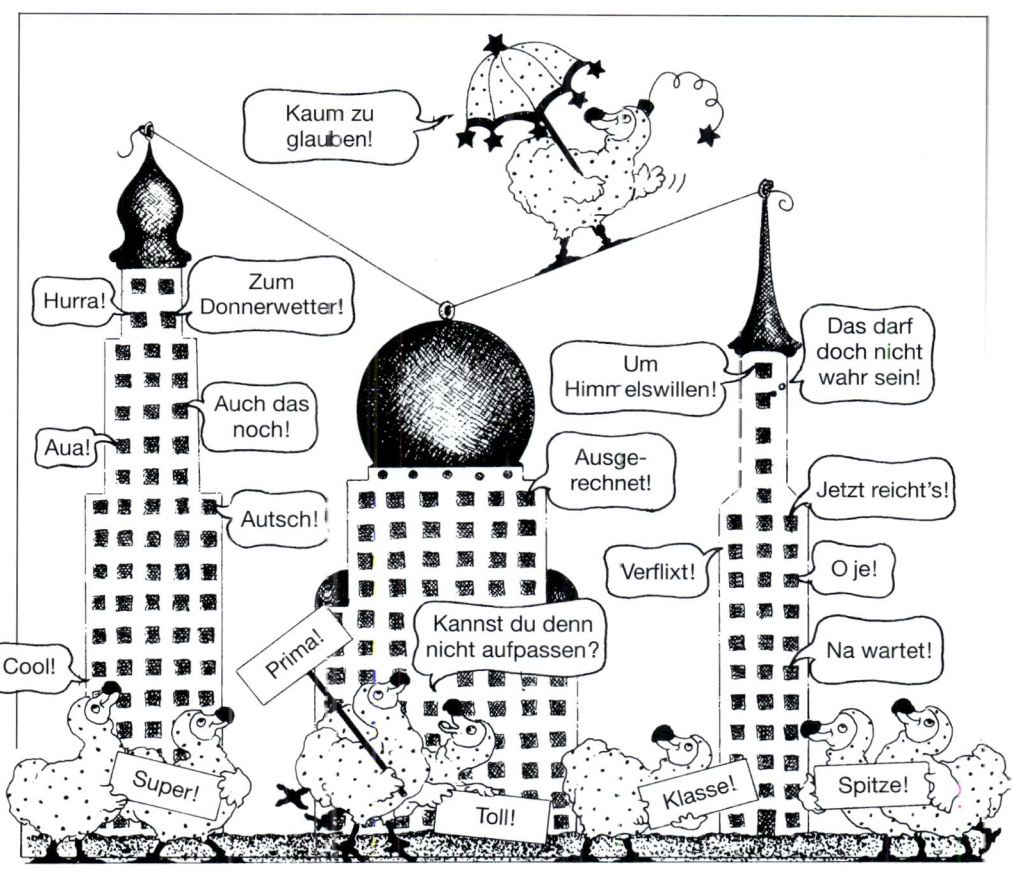

- Ich strahlte über das ganze Gesicht.
- Mir fiel ein Stein vom Herzen.
- Ich könnte die ganze Welt umarmen.
- Das Herz klopfte mir bis zum Hals.

- Mir rutschte das Herz in die Hosentasche.
- Meine Knie wurden ganz weich.
- Ich wurde leichenblass im Gesicht.
- Mein Herz raste wie wild.

Die wörtliche Rede verwenden · Satzzeichen

Peter sagte: „Warte ein bisschen, ich komme gleich."
~~~~~ : „_____."

„Warte ein bisschen, ich komme gleich", sagte Peter.
„_____", ~~~~~ .

„Warte ein bisschen", sagte Peter, „ich komme gleich."
„_____", ~~~~~, „_____."

Schreibe die Texte in den Sprechblasen z.B. so auf:

Findefix zischte: „Seid leise, sonst hören sie uns!"

„Seid leise, sonst hören sie uns!", zischte Findefix.

„Seid leise", zischte Findefix, „sonst hören sie uns!"

Findefix fragte: „Ist das der Stift, den dir Jan geliehen hat?"

„Ist das der Stift, den dir Jan geliehen hat?", fragte Findefix.

„Ist das der Stift", fragte Findefix, „den dir Jan geliehen hat?"

Das Wortfeld „sagen" und die wörtliche Rede

flüstern
„Seid ganz leise", flüsterte Dieter und drückte sich eng an die Wand.

zischen
„Könnt ihr nicht vorsichtiger sein", zischte Petra, „uns hört man doch schon meilenweit."

fragen
„Wann ist heute Training?", fragte Klaus.

antworten
„Heute ist erst um 18 Uhr Training", antwortete sein Freund.

erzählen
Oma rückte ihre Brille zurecht und begann zu erzählen: „Also, das war so."

auffordern
„Berichte mir einmal ganz genau, wie es zu dem Unfall kam!", forderte mich der Polizist auf.

stöhnen
„Ach, heute ist doch auch noch Schwimmen", stöhnten die Kinder, als der Lehrer die zweite Hausaufgabe anschrieb.

stottern
„Da, da, das k, ka, kann doch nicht wahr sein", stotterte ich vor Aufregung.

meinen
Norman meinte: „Wir sollten uns jetzt wirklich entscheiden."

jammern
„Mein Bein, mein Bein!", jammerte Anja.

rufen
Der Bauer rief über das ganze Feld zu uns herüber: „Macht, dass ihr aus dem Getreide herauskommt!"

schimpfen
„Kannst du deine Füße nicht heben?", schimpfte Papa, während ich wieder einmal durch das Wohnzimmer schlurfte.

vorschlagen
„Wir könnten in den Zoo gehen", schlug Sabine vor.

berichten
„Es war eindeutig ein Junge mit blonder Haaren", berichtete der Augenzeuge.

erwidern
„Das passt mir aber gar nicht", erwiderte die Kundin.

beschließen
„Das werden wir zusammen machen", beschloss unsere Gruppe.

Wiederholungen am Satzanfang vermeiden

**Trick 1:
Ein treffendes Wort an den Satzanfang setzen**

Es beginnt:

Anfangs …	… hatte keiner eine Idee.
Zuerst …	… wusste niemand einen Rat.
Zunächst …	… konnten wir uns nicht einigen.
Zu Beginn …	

Es geschieht nacheinander:

Nach und nach …	
Im Laufe der Zeit …	… lernte sie Schlittschuh laufen.
Allmählich …	… beruhigten sie sich.
Nun …	… blieben immer mehr Leute stehen.
Jetzt …	
Danach …	
Schließlich …	
Endlich …	
Später …	

Achtung! Passt der Satzanfang zum Satz?

Es ändert sich schlagartig:

Plötzlich …	
Auf einmal …	… flitzte ein Hund um die Ecke.
In diesem Augenblick …	… passierte es. … tauchte das Ungeheuer auf.
Gerade jetzt …	
Unerwartet …	

Es passiert zur gleichen Zeit:

Inzwischen …	
Gleichzeitig …	… hatten die anderen aufgeholt.
Währenddessen …	… stürzten sich alle ins Wasser.
Mittlerweile …	… kam die Sonne wieder zum Vorschein.
Im gleichen Moment …	

Es ist vorbei:

Neulich …	… begegnete ich einem alten Freund.
Damals …	
Vor langer Zeit …	… gab es noch keinen Fernseher. … lebte auf der Burg ein edler Ritter.
Einmal …	

Es wird ein Gegensatz ausgedrückt:
Aber ...

Trotzdem ... ... keiner wagte einen Schritt vorwärts.
Andererseits ... ... kletterten alle auf die Felsen.
Jedoch ... ... wollte er nicht allein bleiben.
Doch ...

Es wird etwas begründet:
Deshalb ...

Darum ... ... ärgerte ich mich furchtbar.
Daher ... ... traute ich mich nicht hinein.
Aus diesem Grund ... ... ging ich zurück.

Es wiederholt sich etwas:
Gelegentlich ... ... liege ich auf dem Teppich und träume.
Manchmal ...
Oft ... ... bin ich mit meinen Gedanken abwesend.
Immer wieder ... ... stelle ich mir vor, ich könnte fliegen.

**Trick 2:
Eigenschaftswörter einfügen und an den Satzanfang stellen**

Aufgeregt ... ... machte er sich aus dem Staub.
Zornig .. ... lenkte er vom Thema ab.
Blitzschnell ... ... packte sie ihr Zeugnis ein.
Vorsichtig ...

Trick 3: Satzglieder umstellen

Tina überraschte ihre Mutter zum Geburtstag am Morgen mit einem köstlichen Frühstück.

Zum Geburtstag …

Am Morgen …

Mit einem köstlichen Frühstück …

Trick 4: Wörter im Satz ersetzen

Der **Hund** rannte auf mich zu.

Der **Hund** blieb vor mir stehen und fletschte drohend die Zähne.

Der **Hund** knurrte gefährlich.

Ich brüllte wütend den **Hund** an.

Dabei dachte ich mir: Wie könnte ich mich nur vor dem **Hund** in Sicherheit bringen?

Eine Katze war meine Rettung.

Sie lenkte den **Hund** ab.

**er – ihn – ihm – der Köter –
das Tier – die Bestie – das Mistvieh –
das Untier**

Reime und andere Wörter

A

acht	es kracht, sie lacht, es macht, die Nacht
alt	die Gewalt, halt, kalt
der **Arm**	der Schwarm, warm
die **Asche**	die Flasche, die Masche, die Tasche
der **Ast**	fast, du hast
auch	der Bauch, der Rauch
auf	der Kauf, der Lauf
aus	das Haus, die Maus, raus

B

die **Bahn**	der Hahn, der Zahn
der **Ball**	der Fall, der Knall
die **Bank**	krank, schlank, er trank
der **Bart**	hart, zart
der **Bauch**	auch, der Rauch
der **Baum**	kaum, der Raum, der Traum
beginnen	gewinnen, innen
bei	drei, zwei
beide	das Getreide, die Kreide
das **Bein**	fein, klein, mein
beißen	heißen, reißen
bellen	stellen, die Wellen
das **Bett**	das Brett, fett, nett
die **Beute**	heute, die Leute
biegen	fliegen, liegen, wiegen
binden	finden, verschwinden
die **Bitte**	die Mitte, die Tritte
bitten	sie ritten, der Schlitten
bitter	das Gewitter, das Gitter, der Ritter
das **Blatt**	glatt, satt
blau	die Frau, rau, schlau, der Tau
bleiben	schreiben, treiben
blicken	knicken, schicken, stricken

blind	das Kind, wir sind, der Wind
der **Blitz**	der Sitz, spitz
der **Block**	der Rock, der Stock
bloß	groß, der Schoß
blühen	glühen, sprühen
das **Blut**	gut, er tut, die Wut
brauchen	rauchen, tauchen
brechen	sprechen, stechen
breit	weit, die Zeit
brennen	kennen, rennen, trennen
das **Brett**	das Bett, fett, nett
der **Brief**	er lief, schief, tief
die **Brille**	die Stille, der Wille
bringen	sie gingen, singen, springen
das **Brot**	die Not, rot, tot
die **Brücke**	die Lücke, die Stücke
die **Butter**	das Futter, die Mutter

D

danke	der Gedanke, die Schranke
danken	sie sanken, tanken, sie tranken
dann	sie kann, der Mann, wann
die **Decke**	die Ecke, die Schnecke
deins	eins, meins, seins
denken	lenken, schenken
der	er, her, schwer, wer
dicht	das Gesicht, das Licht, nicht
der **Dieb**	lieb, er schrieb, das Sieb
dir	mir, wir
doch	der Koch, er kroch, das Loch, noch
dort	der Ort, der Sport, das Wort
drehen	geschehen, stehen, die Zehen
drei	bei, zwei

E

die	**Ecke**	die Decke, die Schnecke
die	**Ehe**	ich gehe, die Zehe
	eins	deins, meins, seins
	er	der, her, schwer, wer
die	**Erde**	die Herde, die Pferde
	essen	fressen, messen, vergessen

F

der	**Fall**	der Ball, der Knall
	fallen	knallen, die Quallen
er	**fand**	die Hand, der Sand, der Strand
	fangen	gegangen, verlangen
das	**Fass**	der Hass, nass, der Pass
	fassen	lassen, passen
	fast	der Ast, du hast
	fein	das Bein, klein, mein
das	**Feld**	das Geld, der Held
	fett	das Bett, das Brett, nett
	finden	binden, verschwinden
die	**Flasche**	die Asche, die Masche, die Tasche
	fliegen	biegen, liegen, wiegen
die	**Frau**	blau, rau, schlau, der Tau
	fressen	essen, messen, vergessen
das	**Futter**	die Butter, die Mutter

G

der	**Gedanke**	danke, die Schranke
	gegangen	fangen, verlangen
	gegen	legen, pflegen, der Regen, wegen
ich	**gehe**	die Ehe, die Zehe
das	**Geld**	das Feld, der Held

	geschehen	drehen, stehen, die Zehen
das	**Gesicht**	dicht, das Licht, nicht
das	**Getreide**	beide, die Kreide
die	**Gewalt**	alt, halt, kalt
	gewinnen	beginnen, innen
das	**Gewitter**	bitter, das Gitter, der Ritter
sie	**gingen**	bringen, singen, springen
das	**Gitter**	bitter, das Gewitter, der Ritter
	glatt	das Blatt, satt
	gleich	reich, weich
die	**Glocken**	hocken, die Locken, trocken
das	**Glück**	das Stück, zurück
	glühen	blühen, sprühen
das	**Gramm**	der Kamm, der Stamm
	greifen	pfeifen, der Reifen
	groß	bloß, der Schoß
die	**Gruppe**	die Puppe, die Suppe
	gut	das Blut, er tut, die Wut

H

der	**Hahn**	die Bahn, der Zahn
	halt	alt, die Gewalt, kalt
die	**Hand**	er fand, der Sand, der Strand
	hart	der Bart, zart
der	**Hase**	die Nase, die Vase
der	**Hass**	das Fass, nass, der Pass
du	**hast**	der Ast, fast
der	**Haufen**	kaufen, laufen
das	**Haus**	aus, die Maus, raus
	heißen	beißen, reißen
der	**Held**	das Feld, das Geld
	heller	der Keller, schneller, der Teller
	her	der, er, schwer, wer

die	**Herde**	die Erde, die Pferde
das	**Herz**	der Scherz, der Schmerz
	hetzen	setzen, verletzen
er	**hetzt**	jetzt, verletzt
	heute	die Beute, die Leute
	hier	das Papier, das Tier, vier
	hocken	die Glocken, die Locken, trocken
die	**Hose**	die Lose, die Rose

I

	immer	schlimmer, das Zimmer
	innen	beginnen, gewinnen

J

	jetzt	er hetzt, verletzt

K

	kahl	er stahl, die Zahl
	kalt	alt, die Gewalt, halt
der	**Kamm**	das Gramm, der Stamm
sie	**kann**	dann, der Mann, wann
der	**Kauf**	auf, der Lauf
	kaufen	der Haufen, laufen
	kaum	der Baum, der Raum, der Traum
der	**Keller**	heller, schneller, der Teller
	kennen	brennen, rennen, trennen
die	**Ketten**	retten, wetten
das	**Kind**	blind, wir sind, der Wind
	klein	das Bein, fein, mein

	klopfen	stopfen, der Tropfen, tropfen
	klug	er schlug, der Zug
der	Knall	der Ball, der Fall
	knallen	fallen, die Quallen
	knicken	blicken, schicken, stricken
der	Knochen	kochen, lochen, die Wochen
der	Knopf	der Kopf, der Topf, der Zopf
der	Koch	doch, er kroch, das Loch, noch
	kochen	der Knochen, lochen, die Wochen
der	Kopf	der Knopf, der Topf, der Zopf
es	kracht	acht, sie lacht, es macht, die Nacht
die	Kräne	die Pläne, die Träne
	krank	die Bank, schlank, er trank
die	Kreide	beide, das Getreide
er	kroch	doch, der Koch, das Loch, noch

L

sie	lacht	acht, es kracht, es macht, die Nacht
	lassen	fassen, passen
der	Lauf	auf, der Kauf
	laufen	der Haufen, kaufen
	legen	gegen, pflegen, der Regen, wegen
	leise	die Reise, die Speise
	lenken	denken, schenken
die	Leute	die Beute, heute
das	Licht	dicht, das Gesicht, nicht
	lieb	der Dieb, er schrieb, das Sieb
	lieben	schieben, sieben, sie trieben
die	Lieder	nieder, wieder
er	lief	der Brief, schief, tief
	liegen	biegen, fliegen, wiegen
das	Loch	doch, der Koch, er kroch, noch
	lochen	der Knochen, kochen, die Wochen

die	**Locken**	die Glocken, hocken, trocken
die	**Lose**	die Hose, die Rose
die	**Lücke**	die Brücke, die Stücke

M

es	**macht**	acht, sie lacht, es kracht, die Nacht
	mähen	nähen, spähen
der	**Mann**	dann, sie kann, wann
die	**Masche**	die Asche, die Flasche, die Tasche
die	**Maus**	aus, das Haus, raus
	mehr	sehr, der Verkehr
	mein	das Bein, fein, klein
	meinen	scheinen, weinen
	meins	deins, eins, seins
	messen	essen, fressen, vergessen
	mir	dir, wir
die	**Mitte**	die Bitte, die Tritte
die	**Mutter**	die Butter, das Futter
die	**Mütze**	die Pfütze, der Schütze

N

die	**Nacht**	acht, es kracht, sie lacht, es macht
	nähen	mähen, spähen
die	**Nase**	der Hase, die Vase
	nass	das Fass, der Hass, der Pass
	nett	das Bett, das Brett, fett
	neu	scheu, treu
	nicht	dicht, das Gesicht, das Licht
	nieder	die Lieder, wieder
	noch	doch, der Koch, er kroch, das Loch
die	**Not**	das Brot, rot, tot

O

der **Ort**   dort, der Sport, das Wort

P

das	**Papier**	hier, das Tier, vier
der	**Pass**	das Fass, der Hass, nass
	passen	fassen, lassen
	pfeifen	greifen, der Reifen
die	**Pferde**	die Erde, die Herde
	pflegen	gegen, legen, der Regen, wegen
die	**Pfütze**	die Mütze, der Schütze
die	**Pläne**	die Kräne, die Träne
die	**Puppe**	die Gruppe, die Suppe

Q

die **Quallen**   fallen, knallen

R

	rau	blau, die Frau, schlau, der Tau
der	**Rauch**	auch, der Bauch
	rauchen	brauchen, tauchen
der	**Raum**	der Baum, kaum, der Traum
	raus	aus, das Haus, die Maus
der	**Regen**	gegen, legen, pflegen, wegen
	reich	gleich, weich
der	**Reifen**	greifen, pfeifen
die	**Reise**	leise, die Speise
	reißen	beißen, heißen
	rennen	brennen, kennen, trennen
	retten	die Ketten, wetten

sie	**ritten**	bitten, der Schlitten
der	**Ritter**	bitter, das Gewitter, das Gitter
der	**Rock**	der Block, der Stock
	rollen	sollen, wollen
die	**Rose**	die Hose, die Lose
	rot	das Brot, die Not, tot
der	**Rüssel**	der Schlüssel, die Schüssel

S

der	**Sand**	er fand, die Hand, der Strand
sie	**sanken**	danken, tanken, sie tranken
	satt	das Blatt, glatt
	scheinen	meinen, weinen
	schenken	denken, lenken
der	**Scherz**	das Herz, der Schmerz
	scheu	neu, treu
	schicken	blicken, knicken, stricken
	schieben	lieben, sieben, sie trieben
	schief	der Brief, er lief, tief
	schielen	spielen, zielen
	schlank	die Bank, krank, er trank
	schlau	blau, die Frau, rau, der Tau
	schlimmer	immer, das Zimmer
der	**Schlitten**	bitten, sie ritten
er	**schlug**	klug, der Zug
der	**Schlüssel**	der Rüssel, die Schüssel
der	**Schmerz**	das Herz, der Scherz
die	**Schnecke**	die Decke, die Ecke
	schneller	heller, der Keller, der Teller
der	**Schoß**	bloß, groß
die	**Schranke**	danke, der Gedanke
	schreiben	bleiben, treiben
er	**schrieb**	der Dieb, lieb, das Sieb

die	**Schüssel**	der Rüssel, der Schlüssel
der	**Schütze**	die Mütze, die Pfütze
der	**Schwarm**	arm, warm
	schwer	der, er, her, wer
	sehr	mehr, der Verkehr
	seins	deins, eins, meins
	setzen	hetzen, verletzen
das	**Sieb**	der Dieb, lieb, er schrieb
	sieben	lieben, schieben, sie trieben
wir	**sind**	blind, das Kind, der Wind
	singen	bringen, sie gingen, springen
	sinken	trinken, winken
der	**Sitz**	der Blitz, spitz
	sollen	rollen, wollen
	spähen	mähen, nähen
die	**Speise**	leise, die Reise
	spielen	schielen, zielen
	spitz	der Blitz, der Sitz
der	**Sport**	dort, der Ort, das Wort
	sprechen	brechen, stechen
	springen	bringen, sie gingen, singen
	sprühen	blühen, glühen
er	**stahl**	kahl, die Zahl
der	**Stamm**	das Gramm, der Kamm
	stechen	brechen, sprechen
	stehen	drehen, geschehen, die Zehen
	stellen	bellen, die Wellen
die	**Stille**	die Brille, der Wille
der	**Stock**	der Block, der Rock
	stopfen	klopfen, der Tropfen, tropfen
der	**Strand**	er fand, die Hand, der Sand
	stricken	blicken, knicken, schicken
das	**Stück**	das Glück, zurück
die	**Stücke**	die Brücke, die Lücke
die	**Suppe**	die Gruppe, die Puppe

T

	tanken	danken, sie sanken, sie tranken
die	**Tasche**	die Asche, die Flasche, die Masche
der	**Tau**	blau, die Frau, rau, schlau
	tauchen	brauchen, rauchen
der	**Teller**	heller, der Keller, schneller
	tief	der Brief, er lief, schief
das	**Tier**	hier, das Papier, vier
der	**Topf**	der Knopf, der Kopf, der Zopf
	tot	das Brot, die Not, rot
die	**Träne**	die Kräne, die Pläne
er	**trank**	die Bank, krank, schlank
sie	**tranken**	danken, sie sanken, tanken
der	**Traum**	der Baum, kaum, der Raum
	treiben	bleiben, schreiben
	trennen	brennen, kennen, rennen
	treu	neu, scheu
sie	**trieben**	lieben, schieben, sieben
	trinken	sinken, winken
die	**Tritte**	die Bitte, die Mitte
	trocken	die Glocken, hocken, die Locken
der	**Tropfen**	klopfen, stopfen, tropfen
	tropfen	klopfen, stopfen, der Tropfen
er	**tut**	das Blut, gut, die Wut

V

die	**Vase**	der Hase, die Nase
	vergessen	essen, fressen, messen
der	**Verkehr**	mehr, sehr
	verlangen	fangen, gegangen
	verletzen	hetzen, setzen
	verletzt	er hetzt, jetzt
	verschwinden	binden, finden
	vier	hier, das Papier, das Tier

W

	wann	dann, sie kann, der Mann
	warm	der Arm, der Schwarm
	wegen	gegen, legen, pflegen, der Regen
	weich	gleich, reich
	weinen	meinen, scheinen
	weit	breit, die Zeit
die	**Wellen**	bellen, stellen
	wer	der, er, her, schwer
	wetten	die Ketten, retten
	wieder	die Lieder, nieder
	wiegen	biegen, fliegen, liegen
der	**Wille**	die Brille, die Stille
der	**Wind**	blind, das Kind, wir sind
	winken	sinken, trinken
	wir	dir, mir
die	**Wochen**	der Knochen, kochen, lochen
	wollen	rollen, sollen
das	**Wort**	dort, der Ort, der Sport
die	**Wut**	das Blut, gut, er tut

Z

die	**Zahl**	kahl, er stahl
der	**Zahn**	die Bahn, der Hahn
	zart	der Bart, hart
die	**Zehe**	die Ehe, ich gehe
die	**Zehen**	drehen, geschehen, stehen
die	**Zeit**	breit, weit
	zielen	schielen, spielen
das	**Zimmer**	immer, schlimmer
der	**Zopf**	der Knopf, der Kopf, der Topf
der	**Zug**	klug, er schlug
	zurück	das Glück, das Stück
	zwei	bei, drei

Gleich klingende, aber verschieden geschriebene Wörter

das **Bad** (Schwimmbad)	**B**	er **bat** – bitten
der **Biss** (Hundebiss)		**bis** (bis morgen)
die **Blüte** (Apfelblüte)		es **blühte** – blühen
er **bot** – bieten		das **Boot** (Segelboot)
bunt (bunte Federn)		der **Bund** (Schlüsselbund)
das **Café** (ins Café gehen)	**C**	der **Kaffee** (Kaffee trinken)
das (das Kind)	**D**	**dass** (sich freuen, dass …)
die **Fälle** – der Fall	**F**	die **Felle** – das Fell
fast (fast so groß)		er **fasst** – fassen
sie **fasten** (Fastenzeit)		sie **fassten** – fassen
faul (ein fauler Apfel)		das **Foul** (Foulspiel)
das **Feld** (Spielfeld)		er **fällt** – fallen
die **Ferse** (Teil des Fußes)		die **Verse** (Verse dichten)
du **fliehst** – fliehen		es **fließt** – fließen
die **Frist** (eine Frist von 30 Tagen)		er **frisst** – fressen
ganz (ganz und gar)	**G**	die **Gans**, die Gänse
sie **hasten** (eilen)	**H**	sie **hassten** – hassen
die **Häute** – die Haut		**heute** (heute Morgen)
der **Held**, die Helden		er **hält** – halten
der **Hengst** (das Pferd)		du **hängst** – hängen
hohl (ein hohler Baum)		**hol** – holen
er **ist** – sein	**I**	er **isst** – essen
die **Kante** (Tischkante)	**K**	er **kannte** – kennen
die **Küste** (Meeresküste)		er **küsste** – küssen
die **Lärche** (der Baum)	**L**	die **Lerche** (der Vogel)
die **Last** (eine schwere Last)		ihr **lasst** – lassen

der **Laib** (Brotlaib)	L	der **Leib** (Körper)
sie **lehren** (etwas beibringen)		sie **leeren** (Papierkörbe leeren)
das **Leid** (der Kummer)		er **leiht** – leihen
die **Leute** (Menschen)		ich **läute** – läuten
das **Lied** (ein Lied singen)		das **Lid** (Augenlid)
lies – lesen		er **ließ** – lassen
sie **mahlen** (Kaffee mahlen)	M	sie **malen** (ein Bild malen)
mal (zweimal)		das **Mahl** (Festmahl)
der **Mann,** die **Männer**		**man** (Wie schreibt man das?)
das **Meer** (im Meer schwimmen)		**mehr** (mehr lernen)
die **Mine** (Bleistiftmine)		die **Miene** (mit ernster Miene)
der **Mohr** (Mohrenkopf)		das **Moor** (die Moorlandschaft)
sich **rächen** – die Rache	R	sie **rechen** (Gras rechen)
der **Rat** (einen Rat geben)		das **Rad** (Rad fahren)
sie **reißen** (etwas zerreißen)		sie **reisen** (eine Reise machen)
das **Rind,** die **Rinder**		es **rinnt** – rinnen
die **Saite** (Gitarrensaite)	S	die **Seite** (Buchseite)
ihr **seid** – sein		**seit** (seit gestern)
er **singt** – singen		sie **sinkt** (die sinkende Sonne)
spät (spät aufstehen)		er **späht** – spähen
die **Stämme** – der Stamm		ich **stemme** (Gewichte stemmen)
die **Stelle** (an dieser Stelle)		die **Ställe** – der Stall
der **Tod** (die Todesangst)	T	**tot** (tot sein)
viel (viel Geld)	V	er **fiel** – fallen
die **Waagen** – die Waage	W	der **Wagen** (Lastwagen)
er **war** – sein		**wahr** (wahre Geschichten)
der **Wal** (das Tier)		die **Wahl** – wählen
die **Wälle** – der Wall		die **Welle** (das Wellenbad)
wert (viel wert sein)		er **wehrt** sich – sich wehren
wieder (noch einmal)		**wider** (gegen)
der **Wirt** (Gastwirt)		es **wird** – werden

Hilfen zum richtigen Schreiben

1 Beachte die Wortart: Namenwörter werden großgeschrieben.

der Ball, die Bälle

Die meisten Namenwörter kannst du in die Einzahl und Mehrzahl setzen.

Alle Wörter mit den Nachsilben
- **-ung**
- **-nis**
- **-heit**
- **-keit**
- **-schaft**

die Heiz**ung**
das Zeug**nis**

sind Namenwörter.

Darf ich dann alle anderen Wörter kleinschreiben?

2 Sprich beim Schreiben leise, aber deutlich mit.

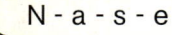

N - a - s - e   Scho - ko - la - de

3 Denke an verwandte Wörter oder an die Grundform.

B**äu**me – B**au**m   er woll**t**e – wollen   er merk**t**e – mer**k**en
w**ä**rmer – w**a**rm

4 Verlängere das Wort, um herauszufinden, ob es am Ende mit **d** oder **t**,
  g oder **k**,
  b oder **p** geschrieben wird.
Erst beim verlängerten Wort kannst du dies hören.

die Han**d** – die Hän**d**e
der Ber**g** – die Ber**g**e

5 Höre auf den betonten Selbstlaut im Wort.

wenn   wen

Schreibe doppelte Mitlaute nur nach einem kurzen Selbstlaut.